手話を生きる　目次

二つの世界

この世界は、「ろう」と「聴」でできている。

ろうは、あたしたちのことだ。耳が聞こえない子、っていわれるけれど、聞こえないというのがどういうことかほんとはよくわからない。なにしろ生まれつき「聞こえない」からそれがあたりまえで、「聞こえる」っていうのがどういうことなのか、あたしには想像できない。

聴というのは「聞こえる」人。ほんとは健聴者っていうらしいけど、あたしのまわりではみんな聴者っていってる。それも略して、ただ聴っていうことが多い。その聴がこの世界の大部分を占めていて、学校を一歩出れば聴ばっかり。あたしたちのようなろうは、すごく少ない。けど、少なくてもろうはろう。そしてろうと聴は、はっきり分かれた別の人たちなのだ。

でもね、と、担任の先生はいうのだった。

「ろうと聴はずっと別々、というわけではありません。聴のなかには、ろうになる人もいるんです」

ろうと聴のちがいを調べている授業でのことだ。ろうと聴は生まれつきで、それは一生変わらないものと思っていたから、あたしはびっくりした。

え、どうして？　どうしてそんな人がいるの？

聴からろうになるって、聞こえる人が、聞こえなくなるっていうことでしょ？

そういう人は「中途失聴者」っていいます、と先生がホワイトボードに書いている。なにそれ？

「病気や事故のせいで、それまで耳の聞こえていた人が聞こえなくなってしまうことがあります。そういう人は、途中から聞こえなくなった人、っていう意味で中途失聴者っていうの」

へえぇ。聴のなかには、ろうになる人もいるんだ。つまりこの世界はろうと聴と、それに中途失聴者がいるってことか。ろうと聴の境い目を越えてくる人がいるんだね。

いや、待てよ。

ていうことは、逆もあるのかな。こっちからあっちに行く人もいるんだろうか。なんか、すごく気になる。

「じゃあ、ろうが聴になることもあるの？　病気やなんかで、ろうが聞こえるようになるってことが？」

「それはないんじゃない？　耳の聞こえない人が病気になって聞こえるようになったなんて話、先生は聞いたことがないなあ。だから、ないと思うよ」

そうかぁ。よかった……。

「じゃ、ある日突然、あたしが聴になるなんてことは、ないんだよね」

もういっぺん聞いたら、先生は笑いながら答えてくれた。

「だいじょうぶ、そんなことないから」

安心した。聴になったらどうしようって、ちょっとドキッとした。

あたしはろうのままでいられる。

あたしたちは顔を見あわせ、うなずきあった。みんな聴になるなんてことないんだ。

一　手話が現れるとき

ろうがいい

ろう者と聴者のちがいについて調べたときのことを、そのとき小学部三、四年クラスの担任だった長谷部倫子はよく覚えていた。それは明晴学園という、東京都品川区のろう学校でのことだった。日本ではじめて、ろうの子を手話で教育しようと開設された学校である。開校から五年目を迎えていた。

手話の使える環境で、生まれつきろうの子、ろう児[1]たちは自分がろうだということを当然のこととして受け入れ、ろうでいい、いや、ろうがいいと思っている。その子どもたちにとって、ある日突然自分の耳が聞こえるようになり「聴になってしまう」ことは、朝起きてみたら家が消えてなくなっているのとおなじくらい、ありえないことなのだ。ちょうど聴の子が、ある日突然耳が聞こえなくなるなんて、ありえないのとおなじように。

長谷部が子どもたちの反応をよく覚えているのは、「ろうでいい、ろうがいい」と捉えている子どもたちが、いかにも自然だったからだ。先生がそういうから、あるいは親に教えられたからではなく、自分はこれでいいのだと信じきっているようすは、ほかのろう学校では、けっして目にすることのない姿だった。

「中途失聴の人の話をしたら、「病気で途中から耳が聞こえるようになることってある?」って、すごく不安そうに聞いてきて。ないと思うよっていったら、みんなちっちゃい声で（手話で）「やった！」って（笑）。で、どういう病気になったら聞こえなくなるかっていうようなことに興味をもって……。やっぱり聞こえないっていう自分、そんなに意識はしてないと思うんですけど、とてもたいせつな自分だって思ってるんだろうなあって。それがすごく新しいタイプっていう感じ、しましたね」

聞こえない自分をたいせつにする。

もし自分をたいせつにしていなかったら、ろうのままでいいとは思えないだろう。聴になりたいと思うかもしれない。

いまのままの自分でいい。聴の子が聴であるのを気にしないのとおなじように、ろうであることを気にしない子どもたち。それが新しい学校に現れた新しいタイプの子なら、古いタイプとはどういう子どもたちだろうか。

聞こえないという自分の「障害を認識」し、そのような「障害を受容」し、懸命な努力で「障害を克服」してゆこうとする。そんなイメージが浮かんでくる。少なくともいま大人になったろう者のほとんどが、そのような生き方を求められてきた。そこで一瞬たりともとぎれなく伝えられるのは、「あなたはそのままではいけない」というメッセージだった。聞こえないままではいけない、少しでも聞こえるように懸命に努力すること。障害を乗り越え、聞こえる人にできるだけ近づくこと。それがあなたの生きるべき道なのだと。そういっているのは、いったいだれなのか。いっている人の顔が見えないこのメッセージは、決して達成することのできない目標を示し、そのための無限の努力をろう児、ろう者に求めつづけてきた。

けれど新しいタイプの子どもたちは、まったく別のメッセージを受けとっている。

あなたは、そのままでいい。

聞こえないということは、ことさら認識し、受容し、克服しなければならない障害ではない。あなたはろうのままでいい。聴にならなくてもいい。

明晴学園は、ろう児をそのように育てたいと設立されたろう学校だった。

そのような学校をこの社会にもたらしたのは、いくつかの偶然と、幸運と、ろう者の熱意、そしてろう児の親たちの懸命な思いだった。けれど、すべての礎となってこの学校を可能にしたのは、手話という言語だった。

手話という言語が存在することによって、ろう児はろう児として育ち、学び、社会に参加することができる。手話という言語があるから、聞こえないことは障害というよりむしろ少数派なのだといえるようになった。手話という言語のおかげで、私たちはろう児に、あなたはそのままでいいといえる。

手話は日本語と対等の力をもち、日常生活はもとより、学校教育や思索研究、芸術表現、そして個人の人格の形成に至るまですべてを担う人間の言語のひとつだ。その手話が、明晴学園という学校を生みだした。逆に、そのような認識のないところで、既存のろう学校は長年にわたって手話を禁止し、聞こえない子どもたちに対してひたすら聞くこと、声を出してしゃべることを求めてきた。そしてそのゆえに、膨大な数の不適応と言語障害とを現出させたのではなかったろうか。

私はこの本のなかで、明晴学園という学校をとおして見えてくる、手話という言語のいまの姿を可能なかぎり描いてみたい。それはこの学校が日本手話という、日本のもうひとつの少数言語が脈々と生きつづける現実の共同体であり、この共同体を生みだすまでに、日本手話が日本語への同化を求める執拗な圧力に抗してどのように生きのびてきたかを描くことになるからである。そしてまたこの少数言語が、ろう児、ろう者といわれる一群の人びとのあいだで絶滅の危機と再生の希望のはざまを揺れうごきながら、これからどのように生きていくであろうかを描くことになるからである。

1 ろう者は聴覚障害者のなかの手話を使う人を指し、子どもの場合はろう児という。たんに耳が聞こえない人という意味で使うこともあり、厳密な定義があるわけではない。かつては聾唖者、唖者などとも呼ばれたが、いまでは本人が自分を指してろう者ということが多く、差別的なニュアンスは含まれていない。ろう者は耳の聞こえる人を健聴者ではなく聴者ということが多いので、本書でも聴者という呼称を使う。

朝の会

「先週の出来事」と、ホワイトボードの真ん中に担任の狩野桂子が書きだした。漢字にはふり仮名がふってある。

小学部一、二年生クラスの「朝の会」のはじまりだ。毎朝一五分、一日のはじめに開かれる朝の会は、その日の予定を確認したり、前の日に起きた大きなニュースについてみんなで話しあったりする。この日は、子どもたちのあいだに起きたちょっとした事件がテーマだった。

「先週、たいへんなことが起きましたね。なんだかわかりますか？」

板書を終えた狩野が教室に向きなおると、ざわめきが静まり、子どもたちの目が一斉にその手の動きを追う。板書の漢字はわからなくても、先生の手話はすっと頭のなかに入ってくる。クラスの全員、一二人の顔を見渡した狩野は、一年生のA君のところで目をとめる。

一瞬とまどっていたA君が、あ、と目をむく。

あのこと？　もうやだーっ、と手で机をたたく。

やばかったよな、と隣の友だちがからかう。ほかはみんなきょとんとして、何が起きたのか知らない。

「いいの、いいの、だいじょうぶ。先週、A君はとてもがんばったことと、失敗したことのふたつがありましたね。金曜日に」

失敗というのは、学校からの帰り、母親との待ち合わせ時間をまちがえ、駅で迷子になってしまったことだ。がんばったのは、それでも母親との再会を果たしたことだ。

発端は、下校時間をまちがえたことにある。

「四時半に帰ろうと思ったんだよね。先週のできごとをみんなに話してください」

先生に促され、苦笑いしながらA君が説明する。

「〝帰りの会〟が終わってから、友だちと遊びました。帰る時間を過ぎたと思ってあわてて帰りました」

「四時半に帰るはずが、三時五五分に出てしまったんでしょう？　どうして？」

「B君が四時五五分だと教えてくれたから、あわてて帰ったんです」

放課後、遊んでいたA君は上級生のB君に時間を聞いた。そうしたらB君は時間を一時間まちがえて教えてしまった。いけない、大遅刻だと、A君は大急ぎで待ち合わせ場所の大井町駅に向かった。ところがそこに母親はいない。

「それでどうしたの？」

「上野駅にいった」

「約束に遅れたので、お母さんが怒って先にいってしまったと思ったんだよね？　だから上野駅までいきました。ひとりで上野までいけるなんてすばらしい！　でもお母さんは大井町で待っていました。A君はやってきません」

母親は駅を探し回ったが息子は見つからない。心配になって、子どもの姿が見あたりませんと学校に連絡した。そこで連絡を受けた学校からは何人かの教職員が飛び出し、〝行方不明〟になったA君の捜索活動を開始した。

なにしろA君は、耳が聞こえない六歳の子どもだ。聴者と会話はできないし、筆談もむずかしい。小学部の児童は条件付きで携帯電話をもつことが認められているが、A君はもっていなかった。ではどうすれば探せるだろう。

じつは明晴学園ではこうした登下校時の〝行方不明事件〟が年に何度か起きる。ＪＲの駅員やバスの運転手の世話になることもあるが、ほとんどの場合先生や親が探し出すか、子どもが自力で自宅に帰りついている。ろう児はその意味ではいろいろな苦労を経験し、かなりしっかりしているのだ。

このときも、もしかして、と上野駅までいった母親がそこで運よくA君をみつけ、無事に再会することができた。A君は母親がくるまで、夕方のラッシュで混雑するホームにたたずんでいたという。

「上野駅で待ってたんだよね。A君の家は遠いんです。上野で乗り換えてもっと行かなくちゃならない。でも電車に乗らないで、ずっと待ってたんだ」

「特急券を持っていなかったから、待ってた」

「特急券がないと乗れない電車だったんだ。だからずっと待ちました。そのあいだ、短かかった？　それとも長かった？」

「長かった」

「長かったよね。A君はなんと、一時間も待っていました！」

教室のあちこちで「うわあ」「すごーい」「一時間も？」と子どもたちが感心する。

「みんな、一時間も待てる？」

先生が尋ねると、一斉に「できない」と頭が横に振れる。

「すごいね。しかも泣かないでずっと待っていた。えらかったね」

ほめたあとで先生は、さて、こういうことが起きたら次からどうすればいいでしょう、とA君に質問した。

「大井町」

A君が即座に答える。

「大井町駅で？」

「お母さんがくるまで待つ」

「じゃあ、もし大井町駅に着いたけどお母さんがいない、そんなときはどうしますか？」

「ずう――っと、待つ」

最大限の大げさな動きで「待つ」と答えたA君の横で、クラスメイトがつられて「待つ、待つ」とくり返している。

それはろう児が身につけるべき基本動作だ。

ろう児は、親や先生とはぐれてしまったら周囲に頼れる人がいない。自分を取りまくのはみな聴者で、そのなかに手話を使える人はまずいない。筆談という手もあるが、小学部低学年や幼児には無理だ。どんなにたくさん人がいても、だれも助けてくれない。そんなときどうすればいいか。ひたすら「その場で待つ」のである。約束した場所で、または最後に親や先生とはぐれた場所で、じっと待つ。ろう児はものごころついたときからそう教えられている。けれどこのときのA君は、「大遅刻だ、お母さんはきっと怒って先にいってしまった」と浮き足立っていた。あわてて先走り、上野駅まで行ってしまった。

こういうとき、ほかに方法はあるでしょうか。先生が尋ねると何人かの手があがる。子どもたちは「待ってもお母さんが来なかったら学校にもどる」とか、「お母さんにメールする」などの意見を述べる。なかには「電話をする」という発言もあったが、「どうやって電話するの？」と問い返され、立ち往生している。

次に立ちあがった二年生のC君が、「カードを駅員に見せるといい」という。カードってなに、と先生が尋ねると、C君は教室の後ろまで走って行き、自分のリュックから「通学カード」を取り出してみんなに見せて回った。

なるほど、じゃあそれをどう使うか説明してください、と先生がC君にお願いすると、C君はホワイトボードの前に立ち、得意になってみんなに話しはじめた。

「これをね、「お母さんに会えない」って見せる。メールじゃなくてね、見せるの」

ホワイトボードの前に立ったC君は、いいたいことがいっぱいあるけれど順序立てて話せない。そこで先生が、わかった、じゃどうするかを二人でやってみよう、と助け舟を出す。C君のいいたいことを、二人で即興のミニ・ドラマにしてみようというのだ。

「さあ、君が駅で待っているとするよ。そこには駅員さんがいます。制服制帽姿で、ホーム上で指さして「安全確認！」なんてやっています」

駅員のふりをする先生が促すまでもなく、C君は〝ホーム上の迷子〟になって先生のもとに走り寄る。

「あの、ちょっとすみません、これを見てください」

身ぶりを交えて「通学カード」を〝駅員〟に提示する。カードには、この子は明晴学園の児童で、耳が聞こえないということ、そして緊急の場合の連絡先が書いてある。それを見た駅員がいう。

「おお、君はろうの子か。ここに書いてあるね。わかった、学校に電話してやろう」

駅員は電話を取りあげて学校に連絡、学校では聴者の先生が電話を取り、ただちに保護者にメールする。一連の情報伝達が、教室にいたもう一人の聴者の先生を交え、テンポよく即興で演じられた。

いいですか、こうすれば迷子になっても大丈夫ですよ、と狩野先生がいうと、子どもたちは一斉に「そうか」「すごーい！」と感心している。当のA君は、なんだ、そうすればよかったのかと、机をたたいている。

子どもたちの反応をたしかめた先生は、そこでもうひと押しする。

「カードを見せれば助けてもらえます。でもね、このカードを見せるとき、ふつうの人と駅員さんがいたら、どちらの人に見せればいいでしょう？」

はい、と手をあげてD君がいう。

「駅員さん。駅員さんならちゃんと学校に連絡してくれると思います」

「そうですね。ふつうの人にはもしかして悪い人がいるかもしれない。駅員さんならすぐに連絡を取ってくれるので安心です。いいですか、みなさん」

しかしここで、はい、と一年生のEさんが手をあげる。

「駅員さんだって、だまそうとする人がいるかもしれないでしょう？　駅員さんだってほんとにいいかどうか、安心したらいけないと思います」

それはそうかもしれない。でもね、駅員さんとふつうの人だったら、どっちかな、と重ねて聞くと、うん、駅員さん、とEさんも納得する。

そこでおなじく一年生のF君が、「ぼくはカードなんかなくたって大丈夫、携帯があるんだ」と胸を張っていう。

真顔になった先生は、こう諭すのだった。

「以前、三・一一の大地震がありましたね。あのときは駅に人があふれてたいへんでした。携帯のメールもできませんでした。自分だけはだいじょうぶと安心してるんじゃなくて、いざというときのことを考えてくださいね」

威勢のよかったF君は、「そうかあ」としゅんとしている。

朝の会は、「先週の出来事」をめぐってこんなふうなやり取りがあり、こんなふうに終わった。

それはどこの小学校にでもある、ありふれたやり取りかもしれない。

けれどこれは、ほかのどこの学校にもない独特の光景だ。なぜなら会話はすべて手話で行われ、音声日本語はひとこともないからだ。子どもたちの顔かたち、服装、ランドセルから机や椅子まで、すべてはどこにでもある日本の小学校の風景なのに、ことばだけがちがう。その意味では、ここは外国人学校のようなところかもしれない。

けれど教室でのやり取りをよく見ると、会話のしかたやその内容、先生と子どもたちのものごとの捉え方や相互のかかわり方の随所に、私にはことばのちがいというだけでは想像の及ばない、ありふれた風景であるはずのものを一変させる力をもった、まったく別なもうひとつの世界が顔をのぞかせているのではないかと思うときがある。

それはろう者の世界というべきか、手話の世界というべきか、あるいはその両方が不可分一体になった世界というべきだろうか。ろう者は「言語を共有することによって強固なコミュニティを形成している」というが、その強固さが、手話という言語を通して六歳、七歳の小さな子どもたちの集団にもすでに芽生えているように思えるのである。

手話の学校

明晴学園は、二〇〇八年四月、東京都品川区に開設された私立ろう学校だ。

幼稚部と小学部、中学部があり、三歳から一四歳のろう児、生まれつき耳の聞こえない子どもたちが約六〇人通っている。ゼロ歳からの乳児が通うクラスも、週に何日か開かれる。聞こえる子が通う一般校にくらべればだいぶ小規模だが、昨今のろう学校としてはふつうの大きさといえるだろう。

授業はすべて手話で行われる。ろう児の教育に全面的に手話を取り入れているという面では、日本で最初の、しかも唯一のろう学校だ。

授業だけでなく、休み時間や放課後、遠足や運動会などの学校行事も手話で行われる。職員会議や保護者との面談もすべて手話だ。聴者の教職員同士が会話するときは音声日本語を使うこともあるが、それも自然と手話になっていることが多い。保護者も学校では手話を使い、十分な手話が使えない人はだれかが手話通訳となって助けている。だれもがいつでも手話を使うようにしているので、学校全体が言語的にはきわめて平準化された、シンプルな手話の世界になっている。

音声日本語が介在しないということ、そしてあとで述べるように、手話の中身が日本でむかしからろう者が使ってきた手話、「日本手話」で統一されているということは、子どもたちの教育上きわめて深い意味があり、実際それで子どもたちは着実に考える力、学ぶ力を身につけている。

学校生活がすべて手話であることとともに特筆すべきは、先生の半分ちかくがろう者だということだろう。二〇一五年度でみると、教室で子どもたちに教科を教える教員二六名のうち、一二名がろう者である。しかもろう者のうち六名は、「ネイティブ・サイナー」[1]と呼ばれる人びとだ。ネイティブ・サイナーとは、両親もろう者のデフ・ファミリー、つまり「ろう家族」に育ち、生まれたときから手話を使っている「手話のネイティブ」である。ろう児の手話の生きたモデルであり、ろう児が正確で精密な手話を使えるようになるうえで欠かせない存在だ。

ろう者が教員の半数を占めること、またネイティブ・サイナーが多いことは、もちろん明晴学園の手話環境をこれ以上はないという理想的な形にしている。しかし同時にたいせつなことは、これら多数のろう者教員が、ろう児の「仲間」でもあるということだ。ろう児、ろう者は、聴児、聴者にはなかなか理解しにくい、そのゆえに踏みこむことがむずかしい、彼ら自身の世界を生きている。子どもたちにとって、おなじ「ろう」という特性を分かちあう先生がたくさんいるということは、成長するうえでかけがえのない意味をもっている。

ろう者と聴者の教職員が対等な立場に立ち、たがいに力を合わせている、あるいはそうであることをめざしているのが明晴学園だ。ろう者が学校運営の半分を担っているという意味でも、またいったん教室に入ればろう者教員が中心になるという点においても、明晴学園はこれまで日本には存在したことのないユニークな学校だといえるだろう。

そしてこの学校の主役は、ろう児である。

ろう児は、ろう児のままでいい。ろう児は聴児のようにならなくてもいいし、なれるものでもない。生まれつき耳が聞こえないろう児にとって、聞こえないことは不幸なことでもみじめなことでもない。ろう児はろう児として生き、大きくなったらろう者として、聴児や聴者とおなじように生きていくことができる。そのことを私はくり返し、おとなになったろう者に教えてもらい、たしかめてきた。また子どもたちの現実の成長と学びを見て納得してきた。

そして思い至ったのは、私たちの社会がこれまでに行ってきたのは「聴者のろう教育」だったということだ。聴者が考え、聴者がつくり、聴者が進める教育。その目標は、ろう児が聴者のようになることだった。そのようなしくみのなかで、ろう児ははじめからろう児でいることが許されず、おとなになってもろう者になることはできない。

そうしたことのすべてを、出発点から考え直すことはできないだろうか。たしかに、ろう児がみなろう児になりたいわけではないかもしれない。ろう児はろう児のままでいいという言い方もまた、ひとつの枠組みを押しつけているのかもしれない。そのことをわきまえたうえで、だれかが考えた枠にはめるのではなく、ろう児をそのまま認めることはできないだろうか。そのようなことを、私たちは考えつづけてきた。

ろう児とはだれか、ろう児はどう生きようとしているのか、ろう児には何が必要なのか、そのために親や教師、社会は何をすればいいのか。そのように考えつづけることが、ろう児という存在をそのまま認めることにつながるだろう。そこで欠かせないのが、ろう児をもっともよく知っている人びと、すなわちかつては自分もろう児だった「成人ろう者」と呼ばれる人びとである。彼らがつねに関与する形で、聴者と折り合いをつけながらろう児とともに歩むとき、ろう児は自分の主人公になるだろう。

手話という言語を身につけることによって、ろう児は聞こえる子とおなじように学び、育つことができる。このときろう児は「耳が聞こえない」子ではなく、「手話を身につけた」子になる。その子たちの学校は、聞こえる子が音声のことばに囲まれているように、十分な手話の環境を用意してやればいい。

そのようにしてできたのが明晴学園だった。

1　日本でも欧米でも、先進国ではだいたい新生児千人に一人が重度の聴覚障害をもって生まれる。その約九割は聴者の両親のもとに生まれ、一割はろう者の両親のもとに生まれる。親子全員がろう者の家族をデフ・ファミリーといい、デフ・ファミリーのろう児は、生まれたときから両親の手話を見て育つので、第一言語（母語）が手話になる。そのような言語環境で育ったろう者をネイティブ・サイナーという。

日本手話を母語とするろう者は日本に約六万人と推計されるが（『事典　日本の多言語社会』真田信治・庄司博史編、岩波書店、二〇〇五、一五五頁）、ネイティブ・サイナーはそのうちのひとにぎりの少数派だ。一方、聴者の両親のもとに生まれたろう児はそのままでは手話が獲得できないので、特別な支援措置が必要になる。

幸運な出会い

明晴学園が創立された二〇〇八年から五年間、私はそこで校長を務めた。いまは理事長という役割を引き受けている。

もともとは一介のテレビ・ジャーナリストにすぎず、教育とは無縁だった。その私が校長を務めることになったのは、かねてから手話とろう者を取材し、ドキュメンタリーやニュース企画を放送していたからであり、またそうした取材をまとめて本や論文を書き、この世界にいくらかのなじみがあったからだ。しかし実際には、資金集めに苦労した新設校で、世間的にはかなり低い俸給の職に就く人がほかにみつからなかったというのが、より実情に近いかもしれない。

とはいえ私には、ひとつだけ利点があった。それは手話やろう者に対する偏見やネガティブな思いこみがほとんどなかったということだ。おそらくそれは最初に、じつに幸運な形で手話とろう者に出会っていたからだろう。

手話という言語を、意識してはじめて目にしたのは一九九三年秋のことである。私はアメリカ手話の通訳者である知人に誘われ、アメリカの首都ワシントンにある世界で唯一のろう者の文科系総合大学、ギャローデット大学を訪れていた。

何の予備知識もなく出かけていったろう者の大学は、二千数百人の学部学生の全員がろうで、おなじくらいの数の大学院生や教員も半数以上がろうという、いわば世界最大のろうコミュニティだった。そこで気がつけば、ある日突然私は手話の世界の真ん中に飛びこんでいたのである。英語がいっさい聞こえないキャンパスは、見わたすかぎり広い牧場のような静寂の世界だった。が、そう思ったのは最初の数分にすぎない。静かな牧場はやがて、饒舌な手話が飛びかう喧噪の世界と化していた。

案内してくれた手話通訳者の知人は、行き交う人と頻繁にアメリカ手話であいさつし、会話を交わしている。人はそこで声がないのに語りかけ、語り返し、息せき切り、のびやかに、あいまいに、笑いながら、顔をしかめ、ことばを交わしあっている。さざめきのただなかで、私はひとり分厚いガラスに囲まれているかのようだった。まるで映画の音声が突然消えてしまったかのようだ。ことばのわからない国にいったことはいくらでもあるが、これはそれともちがう。人がたくさんいるのに、声や音がほとんど意味をなしていないというのは奇妙な無力感にとらわれる経験だった。

キャンパスは全体に開放的にできている。見通しがきく空間のどこでも手話が使えるようにしているからだ。教室のドアにはかならず窓があり、なかが見えるようになっている。多くの部屋でドアは開け放たれ、窓があっても学生たちはガラス越しに話しをしていた。吹き抜けの上と下、ななめの位置で何人もが別々の会話をしているが、なれない聴者はだれがだれと会話しているのか見分けがつかない。もちろんチャイムなどなく、必要なところにはフラッシュライトが設置されている。けれどそうした目に見えるちがいは、より大きな差異の表層の一部でしかない。

いまでも思い出すのは、学生食堂の光景である。昼食時の広いカフェテリアは座る場所もないほどの混雑で、見わたすかぎり手と手、手が動いていた。そこでは誰も声を出していないのに、ひっきりなしに響く笑い声や食器の音を背景に、無数の手の洪水がまぎれもない〝ろう者の騒々しさ〟を伝えていた。それはどこの大学の学生食堂でも目にする、活気にみちた学生たちの姿だった。彼らは自分がろうであることを少しも意識せず、仲間とともにくつろぎ、うちとけ、あるいは興奮してさまざまな会話を楽しんでいる。おそらく授業やテストの結果、きのうのテレビや友人のうわさといった、とりとめもない身辺雑事を語りあっていたのだろう。その手の洪水が、時間とともに少しずつ人間の会話として見えてくるようになる。

そして思い知らされたのである。ここでは手話を使うのがあたりまえの人間なのだと。ろう者はもはや「聴覚障害者」ではなく、だれとも会話のできない私が「言語障害者」だった。健常と障害という概念は、なんとたやすく反転してしまうのだろう。

そして彼らの手話、アメリカ手話は、言語以外のなにものでもなかった。あのカフェテリアで目にした学生たちの会話は、中身がひとつもわからなかったとしても、音声の会話と変わらないテンポと息遣い、動態と質感があった。人間の言語は声だけでなく、手でも伝わるということ、そのことを私は理屈を超えた皮膚感覚で納得していたと思う。その感覚は以来ずっと変わっていない。

その後私は地域の手話講習会に出かけ、ろう者の話を聞き、アメリカ手話についてさまざまなことを教えてもらった。手話がろう文化を生みだしていることを知り、「手話は言語だ」という皮膚感覚は、しだいに乏しいながらもひとつの知識体系へと変わっていった。

手話は言語であるということ。そしてろう者とは手話を使う人びとであること。そのことがなんの留保もなしにすなおに納得できたのは、あの幸運な出会いがあったからだといえる。おかげで私は、はじめからろう者、耳の聞こえない人を、不幸な人やみじめな人とみることができなかった。ろう者はそれまでに出会ったメキシコからの移住労働者やナバホ民族とおなじように、異なる言語と異なる文化を生きる少数派の人びととして映ったのである。

日本のろう学校の先生たちのほとんどは、まったく別な形でろう者と手話に出会っている。そもそも成人ろう者に出会うことがなく、出会っても会話をすることがない。ろう者がろうであることを意識せず、自由で自然な会話を楽しんでいる場面を見ることも、そしてまたそこに身をおくこともまずないだろう。かりにそうした場面に遭遇しても、彼らの手話を読み取ることができず、手話はとても日本語には及ばない不十分で未熟なコミュニケーション手段だと思ってしまう。日本のろう教育の指導的立場にいる専門家もほとんどが、そうした思いこみにとらわれているのではないだろうか。かくいう私も、最初にギャローデット大学で手話に出会っていなければ、おなじような捉え方をしていたかもしれない。

それから四年の年月をかけ、私は手話のテレビ・ドキュメンタリーをつくりながら、ギャローデット大学で覚えた直感を言語学という科学に照らしてひとつずつたしかめる作業をくり返してきた。さらに十年をかけ、何本かのテレビ番組をつくり、手話についての本や論考をまとめたが、そうした作業のすべては、英語や日本語とおなじように底深い手話という人間の言語と、その言語が生みだすろう文化の世界をさまよう経験だった。それは現実の世界ではとうに失われてしまった、「魔法の小箱」をのぞきこむような数々の経験だったのである。

読売新聞紙上の論争

日本のろう学校はこれまで、ろう児を教えるのに手話を使ってこなかった。

そう話すと、事情を知らない人は驚いた顔をする。

ろうの子どもは耳が聞こえないのだから当然手話で教えていると、ほとんどの人は思っているようだ。

しかし事実はそうではない。日本におよそ九〇あるろう学校はすべて、子どもたちの教育から徹底して手話を排除し、ときには体罰をもって手話を禁止してきたのである。

ようやく最近はろう学校でも手話を取りいれるようになったが、それもきわめて限定的な形でしかなく、教育の場で使うには不十分で不適切なレベルの手話にとどまっていることが多い。なにしろ日本のろう教育ははじめから手話を否定してきたので、ろう学校の先生には手話を覚える義務もなければ機会もなかった。ほとんどの先生が手話を知らず、手話で授業ができないのは、本人の責任というよりむしろこの社会のあり方の問題なのである。

それにしてもなぜ、日本のろう教育は手話を否定してきたのだろうか。

それは日本のろう教育がほぼ一世紀のあいだ「口話法」という方法をとってきたからだ。

口話法は、聴覚口話法ともいい、耳が聞こえない子どもでもできるだけ音を聞けるように、また自分の声でしゃべれるように努力する方法だ。そのために相手の口の動きを読む「読唇」（読話ともいう）や、「発声」（発語）、それに補聴器や人工内耳という医療技術を使って、できるかぎり音を聞きとる「聴能」などの訓練をくり返す。口話には長い積み重ねの歴史があり、実際それでかなり聞き、しゃべれるようになる子がいるので、それなりの役割を果たしてきたといえる。

しかしそうした訓練や補助手段によっても、ろう児のすべてが救えるわけではない。いやすべてどころか、かなりの数のろう児は実用的なレベルの口話をマスターすることができなかった。十分なことばの力が身につかなかったとともに考える力も損なわれ、当然ながら学力も低迷せざるをえなかった。

自らも聴覚障害のある弁護士の山田裕明は、ろう者が被害者となった詐欺事件の背景を語るなかでこういっている。

「口話教育は失敗だと思う。文章を読む力は育たない。手話を覚える機会もない。一人が成功しても、九九人が切り捨てられている」(二〇〇八年五月一六日放送、TBS「イブニングニュース」〝手話使った詐欺、主犯の女に懲役十年〟報道でのコメント)

九九人が切り捨てられているというのは、口話教育を受けても百人のうち九九人は満足に聞き、しゃべれるようにはならないという意味だ。しかもその多くは、社会参加のはるか手前で足踏みするレベルにとどまっている。

にもかかわらず、なぜ口話法はつづいたのだろう。

それはろう教育を進める人びとのあいだで、ろう児は「聞こえないままではいけない」、なんとか彼らを「聞こえる人に少しでも近づけよう」という考えが浸透していたからだ。けれどろう者の側からみれば、これははじめから無理な話だった。この「聴者の思い」と「ろう者の受けとめ方」のあいだにある大きな隔たりは、二〇〇六年に起きた読売新聞紙上の論争に端的に表れている。ここで口話教育の専門家で、元北海道小樽聾学校校長の森川佳秀は、「聾学校の言語教育、手話よりも「読唇」優先で」という題の寄稿を行い、こう述べている。

私は長年北海道の聾学校に勤めてきたが、聴覚口話法の指導は並大抵のものではない。手話を使わせないため両手を縛って教えたこともある。発音指導で、奥舌を使う音を定着させるのに1か月かかったこともあった。残存聴力を引き出すために、「今日はできなくても明日は聴こえる」と信じて、音楽テープを何度も聞かせた。

そうするうちに子供たちは、聴力を少しでも発達させ、音声言語としての「ことば」を認識し、相手の唇から「ことば」を読み取れるようになっていく。

そのようにして聾学校で学んだ生徒たちが卒業後、各方面で活躍している。教員、会社経営、会社幹部、会計士など様々だ。普通校に転校して東大法学部を卒業し、弁護士になった人もいる。(「読売新聞」二〇〇六年一二月七日)

森川の論文は、当時ろう学校に「手話の導入」を求める声があったことを懸念し、「手話の導入には注意を要する」といって、聴覚口話法の「優先」を訴える内容だった。森川はいうまでもなく聴者である。

これに対し、日をおかずにろう者からの反論が掲載された。「聾学校の言語教育　手話の効果、伝える責務」と題する、弁護士の田門浩の寄稿である。田門はここで、森川が聴覚口話法の成功例としてあげている「東大法学部を卒業し、弁護士になった人」は自分のことだが、その自分は「聴覚口話法の失敗例である」と次のように述べている。

私は……2歳から8歳ほどまでの間、聾学校で聴覚口話法の指導を受けた。教師が口の形を私に読み取らせて発話内容を当てさせたり、教師の声を模倣させたりしていた。私は教師の声が聴き取れず、内容を理解できないまま一日中延々とこのような作業をさせられていた。手話の使用は禁止され、教師は手話を使わせないために私の手を叩《たた》いたりつねったりした。私は教師の手を嚙《か》んだり服のボタンをちぎったりして抵抗を繰り返した。このため読唇や発音は上達しなかった。私の日本語力は読唇や発音とは関係がないのである。……

このように聴覚口話法には多くの犠牲が伴う。だからこそ日本各地で多数の聾者が長年手話による教

育を求めてきたのである。(「読売新聞」二〇〇六年一二月二〇日)

森川が口話法の成功例としてあげた「東大法学部卒の弁護士」の田門は、自らを口話法の「失敗例」だという。そして自分の日本語の力はろう学校ではなく家庭で培われ、母親が日本語の読み書きを教えてくれたから身についたのだと述べている。さらに、もしろう学校が手話を禁止していなかったら、日本語の習得はずっとスムーズだったろうともいっている。

多くのろう者にとって、口話法の歴史は苦難の歴史だった。その苦難に対して、「教師の手を噛んだり服のボタンをちぎったり」して抵抗したろう児は、おそらく少数派だったにちがいない。子どもたちはだれもがみなそのようにして自分を表現することはできない。大部分のろう児にとって苦難の核心は、痛いとか苦しいというのとは別の形をとっている。

それは、わからない、ということなのだ。先生のいっていることがわからない。自分のいっていることが自分には聞こえず、わからない。通じているのかいないのかもわからない。そもそも何がわかっていて何がわからないのか、それがわからない。苦難の本性は、そのような世界にいやおうなく、ずっとおかれていたということではなかったろうか。教室で行われていることのすべてが、厚いベールに覆われているようにどこかぼんやりとしている、そういう日々を過ごしたとき子どもたちは、どうなるだろう。

明晴学園教諭の狩野桂子は、自分がろう学校の小学部で口話教育を受けていたときのことをこういっている。

「楽しい思い出というのが、まったくないんです。私が小学部にいたときのことは、思い出そうとしても記憶がない。こころの底から楽しかったこととして覚えてるのは、下校するときのことですね。学校を出てから川沿いを友だちと三人で歩いて帰っていくんですが、そのときはいろんなことを話して楽しかった覚えがあります。でもほとんどそれだけです、小学部のころのことで覚えているのは」

口話法のもとで過ごした毎日、自分には聞くこともしゃべることも自由にできない、音のことばの世界におかれていた。音のことばは自分にとってことばではなく、しばしばただの音でしかない。そのような境遇で、ことに幼児や小学生は自分に何が起きているのかを言語化することもできない。狩野は両親もともにろう者のデフ・ファミリーに育ったから、家に帰れば手話で何でも自由に話すことができた。子ども時代の家族との日々はさまざまな記憶として残っているが、口話法が徹底されていた小学部は、楽しい、鮮明な記憶として残っているものがない[1]。

森川は口話法の指導が「並大抵のものではない」たいへんなことだったと述べているが、教わる側のろう児にとってもそれは並大抵のことではなかった。

ろう学校時代の口話がどんなにたいへんだったかについて、私はたくさんのろう者からさまざまな話を聞いてきた。口話法の訓練がほんとにつらくていやだったとか、手話を使って先生に怒られた、廊下に立たされたり、手をしばられ、ときには足蹴にされたなどの体験である。しかしさまざまな話を聞きながら不思議だったのは、その多くに、どこか切実さがないということだった。たとえば私はアイヌ民族の苦難の経験を何度か聞いているが、そうした場で聞いた強い思いや、こちらがたじろぐような気迫あることば、表現に出会うことが、ろう者とのインタビューではほとんどなかった。かろうじてそうした表現に出会ったのは、いまはもう数少ない八〇歳、九〇歳になる高齢のろう者から話を聞いたときである。その後の世代、中高年以下のろう者にろう学校の、また口話法の経験について聞いても、たいへんだったことはわかるのだが、それがどこかあいまいさに覆われているという印象をぬぐいきれない。通訳の問題もあるのかもしれないが、それだけではないようだ。

おそらく切実さの欠如は、口話という「不十分な言語環境」「不完全な言語習得」と、かならずどこかで結びついている。そう考えるようになってから、とくに印象的だったのが「記憶がない」という狩野の証言だった。それはおそらく記憶がないというより、記憶が薄いというべきなのだろう。切実さがないのではなく、切実さを導く記憶そのものが障害されている。だとするなら、そこには体罰などよりはるかに深刻な問題が露呈しているのではないだろうか。

その狩野も、中学部、高等部と進学するに従い、楽しい思い出もたくさんできるようになった。学校のなかで、小学部のころより自由に手話を使えるようになったことが大きな要因だったのだろう。そして大学を卒業してから、あのようなろう教育ではなく、子どもたちが楽しい思い出をもてるようにしたいと、手話の学校の設立にかかわるようになった。

1　このインタビューを読み返した狩野は、たしかに家では両親と自由に手話で話をしていたが、そのことに「こころのどこかでみじめな思いをしていた」ともいう。幼いころずっと学校で「口話はいい、手話はだめだ」といわれつづけてきたからだ。手話を使う子が家族にまで劣等感を抱くようになるのが「聴者のろう教育」だった。

授業参観の日に

「中学二年の授業参観の日でした。何なんだこれは、って思いましたね」

明晴学園教諭で手話科を担当している森田明は、ろう学校の中学部にいたとき目にした光景がいまも忘れられない。

両親もろう者のデフ・ファミリーに育った森田は、生まれたときから手話を使ってなに不自由なく暮らしていた。ろう学校では口話だったが、読み取りも発声も得意でとくに違和感はなかったという。ろう者が一生懸命声を出すのも、「そんなものなんだ」と思っていた。それが突然ゆさぶられたのは、両親が教室にやってきたときである。

ろう者の両親は、授業参観に手話通訳を連れてやってきた。授業はすべて口話だったので、通訳がいなければなにもわからないからだ。ところがそれをみつけた教頭が教室に飛んできて、「手話通訳をすぐ外に出せ」といったのである。

「ここは口話の学校です。手話通訳がいるといろんな影響がありますから」

子どもたちに悪影響があるという意味だろう。両親が、いや、私たちは手話通訳がいないとわからないんですというと、教頭はさらにこうもいったという。

「親御さんもね、がんばって口話を見てください」

通訳は教室から外に出され、両親は何もわからないまま教室に立ちつくしていた。

衆人環視のもとでの出来事である。ほかの親たちに対しては腰を低くしていた教頭が、自分の両親には明らかにちがう態度で接していたのを森田はよく覚えている。一四歳の少年のこころに、これはいったい何なんだという思いがわきあがった。

「自分じゃなくて親に対する差別というか抑圧のようなものを、教頭先生がする。それも子どもたちの目の前でやったっていうことですね、そこから疑問が芽ばえたんです」

やがて、ろう学校で「いろんな衝突」を起こすようになった。

「衝突はあったけれど、それを口話できちんと説明することができなかった。いいたいことはたくさんあるけれど、口話でいおうと思ったらどうしてもきちんといえない。おかしいとか疑問とか、あるいは違和感とかいうものは思っていましたけど、それ、なんていえばいいのかって」

手話でなら、思いのままに話すことができた。授業参観での出来事が、それこそ差別であり抑圧だったとわかるようになったのは、おとなのろう者と手話で話しあってからだ。けれどろう学校のなかに、自分の手話を理解してくれる先生はひとりもいなかった。そもそも手話は禁止だった。一九九〇年代半ばのことである。

この経験が、やがて大学生になった森田のなかで、既存のろう教育に対するはっきりとした疑問となり、明晴学園への道を歩ませることになった。

私たちの社会が、すくなくともろう教育という分野で長く手話を否定してきたこと、そしてろう児、ろう者に対して「聞くこと」「しゃべること」を求めつづけてきたのはなぜなのだろう。そのことをくり返し考えなければならないのは、口話法は手話の禁止、排除とつねに一体だったからだ。口話と手話は、ろう学校ではけっして共存が許されなかったのである。

ろう者に対して「聞くこと」「しゃべること」を求めるのにはそれなりの事情があるとしても、そこで手話が厳しく排除されるのはなぜだろうか。

そのことを考える前に、私たちは聴覚障害がほかのすべての障害とはきわだってことなる扱いを受けてきたことを想起しなければならない。たとえば私たちは足のない人に「歩け」とはいわないし、目の見えない人に「見ろ」「見えるように努力しなさい」とはいわない。ところが耳の聞こえない人にだけは、聞きなさい、聞こえないままではいけない、しゃべりなさいといってきたのである。そういって、聴覚障害という障害そのものを否定してきたのだった。

そのような無理難題がまかりとおったのは、いうまでもなくそこに「ことば」という問題があったからだ。

聞こえないままでは、ことばを身につけることができない。ことばがなければ話すことができないばかりか、教育を受けることも、社会に出ていくこともできない。まともな人間になれないという切迫感が、なにをおいてもまずことばを、と多くの人びとを無理難題に立ち向かわせることになった。

けれど、ではそこでなぜろう教育は手話ではなく、口話に向かったのだろうか。

言語としての手話を獲得するのではなく、なぜ口話によって音声日本語を習得する方向に向かったのだろうか。

口話法が広く導入される以前の、二〇世紀はじめまでのろう学校では、ろう児が手話で学び、日本語の読み書きをかなりの程度まで習得していたのである。手話の教育を受け、ろう学校の教員になったろう者もたくさんいたし、手話を使いながら、聴者とのあいだでは筆談で暮らすろう者も少なからず存在していた。手話が言語だという認識はなくても、手話はろう学校とろう児、ろう者のあいだで、立派に言語としての機能を果たしていたのである。

そのような現実があったにもかかわらず、ろう教育はある時期から手話を排除し、口話一色に染まっていった。その背景には国民国家の登場と、それに合わせた教育体制の確立、すなわち一様な教育のもとでの一様な国民の養成という大きな流れがあった。

口話法の推進者として知られる川本宇之介は、一九世紀前半まで諸外国の障害児教育は「本質的には純教育的ではなく、寧ろ保護的色彩が強かった」という。[1] つまり障害児は多くが家庭で「保護」され、若干の慈善施設も教育というよりは、隔離収容の傾向が強かった。それが一九世紀後半から「ろう学校や盲学校が教育的に改組織され」、ろう児は学校に通い、付属の寄宿舎に入るようになったのである。

わが特殊教育思想は、顕著な転換を見、児童の異質性に着眼して、それに適応した教育を与えるために、学校は顕著な分化発展を遂げ……漸次広く実現発展し出したのは、二十世紀も十年ないし二十年内外を経た頃からであった。[2]

一九〇〇年から一九二〇年ごろにかけて、全国に数校しかなかったろう学校は数十校にまで増えている。当初そのほとんどは民間の慈善家による私立学校で、公立ろう学校はわずか数校にすぎなかった。それが二〇世紀中葉には逆転し、私立ろう学校の多くが経営難から閉鎖され、国公立ろう学校がこれにとって代わっている。[3]

ろう児は慈善の対象から公教育の対象となり、自立して社会に「奉仕」すべき存在とされるようになった。いまでいう社会参加である。そのためにはしゃべれなければならない、聞けなければならない、そうした公教育の圧力が、口話を推進する主要な力となった。

そして口話はつねに、手話の禁止と一体だった。なぜなら、それは手話が言語だったからだ。手話は言語であったからこそ、口話法が登場する以前から、また登場した後も、ろう児の心を捉えて離さなかった。手話は言語であったがゆえに、ろう児はいくら口話を教えても、手話があればかならずそちらを向いてしまうのだった。そのことを熟知していた教育者ははじめから手話を禁止しなければならなかった。森田が中学生になった一九九〇年代でも、手話通訳の手話は子どもたちに見せてはならないものだったのである。

1　川本宇之介『総説特殊教育』青鳥会、一九五四、四九頁。川本口話賞会による復刻版（一九八一年）を参照した。
2　同、五二頁。
3　岡本稲丸「わが国聴覚障害教員略史—戦前・戦後を中心に—」『ろう教育科学』第32巻第2号、一九九〇、九一—一〇六頁。

権威の衣

明治時代末期から大正時代にかけて、当時の公立ろう学校で学んだ高齢のろう者にインタビューしたことがあるが、流麗な手話とともに、高い学力と日本語の筆談の力に驚かされたことをよく覚えている。おなじようなろう者がたくさんいたというから、初期のろう学校は手話を用いた教育でかなりの成果をあげていたのだろう。それはまた、手話を使いこなす多数のろう者教員がいたからこそ可能になったことでもあった。

そこに口話教育をもちこんだのは、アメリカで口話法を見聞してきた文部官僚の伊沢修二である。日本のろう教育の権威となった伊沢は、一九一一年の講演で口話法、当時発音法といった教育法について、こう述べている。

発音法は聾唖の側に就いて考えると、非常に骨が折れてなかなかむずかしく実に迷惑なものに相違ない。けれども……社会の人に直ぐ分かるようにするには発音法でなければ甚だ不便である。だからして聾唖には誠に気の毒であるけれども、やはり発音法を強行する方法を取ることは必要でないかと思う。
(『東京教育大学附属聾学校の教育―その百年の歴史―』東京教育大学附属聾学校、一九七五、八二頁)

口話は、ろう者にとっては「非常に骨が折れて」「実に迷惑なもの」だが、社会には口話でなければ通じない、だから口話を「強行する」しかない、といったのである。

その強力な推進者で、のちに東京聾唖学校校長となった川本宇之介はこう述べている。

本来の日本語は云ふまでもなく音声語即ち口話である。この口話を教ふることによって聾児に日本人たるの国民的思考を錬磨し、感動を興起させ以て国民精神を涵養し、有為有能なる国民の枢軸たる教養を完成せしめようとするのである。(川本宇之介『聾教育学精説』信楽会、一九四〇、六五五頁。原文の旧漢字は新漢字に直した)

伊沢と川本が口話を唱えたのは、文部官僚としてアメリカのろう教育を視察し、当時急速に広がっていた口話法に感化された面が強かった。けれどそのアメリカの口話法も、学術的な研究の積み重ねによって根拠をえたものではなく、たんに手話への誤解と偏見が強かったからではないかと、アメリカのろう教育史に詳しい上野益雄は指摘している。

口話法の時代に、手話による教育についての考察は皆無であった。何よりもまず「手話は悪である」という理念が根本にあったからである。……川本宇之介の著述をはじめ、聾教育に関する本の中で、手話による教育を扱ったものは皆無といってよい。川本の著作を読んでも、その主張が、アメリカにおける口話法の主張の増幅されたエコー（こだま）であるのに気づかされる。その口話法の主張は、科学的、心理学的というつまり学問的であるという権威の衣を身につけていた。（上野益雄「初期のアメリカ聾教育における手話の役割」『手話の考察』中野善達編、福村出版、一九八一、一六八頁）

筑波大学教授だった上野は、ろう教育専門家がみな口話法になびいていた一九九〇年代にただひとり、口話教育への強い違和感を表明した研究者だった。上野によれば、アメリカの口話法ももとはといえばヨーロッパから輸入されたものであり、そのヨーロッパの口話法も、源流をたどる過程でどこにも確たる根拠をみいだすことはできなかった。かろうじて根拠とされたのが、聖書に書かれていたいくつかの文言である。そのひとつが次のことばだった。

初めに言があった。言は神と共にあった。言は神であった。（ヨハネによる福音書一章一節）

この「言」(ことば)を、当時の聖職者はスピーチ、すなわち声で話されることばと解釈している。一七世紀ドイツにはじまるといわれる口話法の教育者も、こうした解釈にもとづいて、ろう者も声を出さなければならないと考えていた。[1]

動物と人間(万物をすべておさめる権利を授けられた人間)とを区別するものがスピーチである以上、聾唖者もスピーチを持つ筈であったし、持たねばならなかった。……手話でなく、指文字でもなく、文字でさえもなく、スピーチでなくてはならなかったのである。(上野益雄『聾教育問題史——歴史に学ぶ』日本図書センター、二〇〇一、七五頁)

スピーチをもってはじめて人間は神に祝福され、「動物とは異なる存在」になるという旧弊な聖書解釈が、近世から現代にいたるヨーロッパの口話法の基礎をなしていた。そこには、声が出せないろう者は信仰から取り残され、地獄に堕ちてしまうという強迫観念がともなっていたようだ。

そうした流れの末に、川本宇之介のろう教育論は展開されている。川本はろう児に口話教育を与えることで、「彼らをして人間にせねばならない」といっていたという。そこでは、ろう児は手話を使っているかぎり「人間にはなれない」ことが含意されていた。

伊沢が導入し、川本が引きついだ口話路線は、当時まだ現場に残っていた多くのろう者教師の反対にもかかわらず、「外側からの変革」として強引に押し進められていった。その仕上げとなったのが、一九三三年、東京で開かれた全国盲唖学校長会議だった。この会議で文部省は、口話法の徹底を文部大臣の訓示という形で全国に指令している。

聾児の言語教育に依る国語力の養成は、国民思想を涵養する所以でありまして、国民教育の根本方針に合致するものと言はなければなりません。全国各聾唖学校に於ては聾児の口話教育に奮励努力し研鑽工夫を重ね、其の実績を挙ぐるに一層努力せられんことを望みます。（鳩山文部大臣訓示。川本宇之介『聾教育学精説』信楽会、一九四〇、二三九頁）

この訓示によって、すべてのろう学校は口話への体制を整え、手話はくまなく排除されることになった。聞こえることに絶対的な価値をおく人びとが、手話という選択肢を消し去ってしまったのである。当時のろう者はそれを「暗黒世界に堕ちるような思い」でみつめていたという。

1　当時の聖書解釈がすべて言語とスピーチを同義と考えていたわけではない。フランスでは一八世紀、ドレペ神父が手話によって人間は言語を習得することができると主張し、世界最初のろう学校をパリに開設している。

ミラノ会議

一方海外をみると、欧米でも事情はおなじようなものだった。一九世紀末までには各国でろう学校が設立されたが、それが次第に口話法へと変わっていった。

世界的に口話への流れを決定づけたのは、一八八〇年、イタリアのミラノで行われた世界ろう教育者会議だったとされる。そこで各国からやってきたろう教育の専門家は、次のような決議を行っている。

〈世界ろう教育者会議の決議　一八八〇年〉

一　ろう者を社会に参加させ、彼らにより完全な言語知識を与えるためには、口話が手話にくらべ争う余地なく優位にあることに鑑み、当会議はろう者の指導教育に際して口話法が手話法に優先されるべきことを宣言する。

二　手話と口話の同時使用は、口話と読唇および明晰な思考を阻害するという不利益をもたらすことを考慮し、当会議は純粋口話法が選択されるべきことを宣言する。[1]

口話が手話にくらべ「争う余地なく優位にある」とうたった、有名な「ミラノ会議」の決議である。この決議の最初の部分は一六〇対四という満場一致に近い大差で可決され、次の、ただの口話法ではなく「純粋口話法」を求める決議もまた、一五〇対一六という大差での採択だった。この決議以降、ヨーロッパは口話一色に染まってゆく。

ミラノ会議の決議に反対したのはアメリカの教育者だったが、そのアメリカもミラノ以降、急速に口話法へと傾斜していった。それまでアメリカではほとんどのろう学校が手話による教育を行っていたが、一九世紀末になると全国に八七あったろう学校の四〇パーセント近くが口話法を実施するようになった。一九二〇年になると、口話法で教育するろう学校は八〇パーセントに達していたという。二〇世紀になってからの四〇年間、口話法はその隆盛期を迎えていた。

しかし口話がどんなに隆盛になっても、ろう生徒の学力が隆盛になることはなかった。

聞こえない子に聞くこと、しゃべることを求める絶望的な試みは、聴力がある程度残っている場合には有効で相当な効果を期待できるが、そうでない場合はほとんど成果がえられない。しかも口話法はだいたい手話を禁止するので、口話も手話も身につけることができない多数のろう児を生みだしてしまう。言語学的には「ダブル・リミテッド」と呼ばれる、母語（第一言語）も第二言語も十分身につけることのできなかった子どもたちを輩出してしまうのだ。それは日本でも欧米でもおなじことだった。

十分な言語を獲得できなかった子は、十分な思考力を獲得することもできず、彼らの教育は十分な成果をあげることができない。同年齢の聞こえる子にはとても学力がおいつかず、学力以前の思考や情動のさまざまな面で問題を抱え、生活能力や社会性を発達させることができない。こうして日本のろう学校ではいつしか「九歳の壁」ということばがささやかれるようになった。それは、ろう児はどんなに教育しても九歳以上の知力学力を獲得することはできない、という意味である。[2]

ミラノから百年後、口話法で八方ふさがりとなった当時の日本のろう教育の状況を、研究者はこう記述している。

このような聴覚障害児教育の困難さは、聾学校を卒業する者のうちかなりの人びとが、高等部を出ても結局、読み書きを含めて日本語を日常使いこなすまでにならない、という現状に示されている。（坂本幸「聴覚障害幼児のコミュニケーション」『手話の考察』中野善達編、福村出版、一九八一、七七頁）

アメリカでも状況はおなじようなものだった。口話教育について調べたアーデン・ナイサーはこういっている。

口話を教えられた生徒で、理解可能な声をマスターするものはわずか一〇パーセントしかいない。読話ではそのレベルがさらに下がって、ものになるのは四パーセントだ。口話主義は学習を促進する教育方法とはならなかった。この期間に教育を受けたアメリカのろう者の平均的な読解力は、小学三年生程度のレベルである。（Arden Neisser, *The Other Side of Silence*, Gallaudet University Press, 1983, p.8)

またイギリスの口話教育について、オクスフォード大学のコンラッドらが一九七九年にまとめた調査結果をもとに、ブリストル大学のろう者学研究者パディ・ラッドは次のようにのべている。

〔口話主義の〕結果として、おどろくべきことにろう児は一世紀ものあいだ、平均八歳児の読解力でろう学校を卒業していたのである。これは大衆新聞の見出しがわかる程度の力だった。しかも口話は本質的には先生以外だれも理解できず、読唇にいたってはわずか一日の訓練を受けた聴児でもできる程度のレベルだったのである。[3]

こうした調査結果をみると、どの国でも口話法がまったくおなじような〝成果〟をもたらしていることに驚かざるをえない。日本ではろう児は「九歳の壁」を越えられないといい、アメリカでは小学三年生程度のレベルにとどまるといい、イギリスでは八歳児のレベルだという。これをみれば、学者でなくても口話教育というしくみには重大な欠陥があると考えないわけにはいかない。すなわちろう児に口話教育を受けさせ、聞こえないのに聞きなさいといいつづけているかぎり、ろう児の多くはそこから脱落して言語と思考を発達させることができないということである。

1　Arthur Kinsey. *Report of the proceedings of the International Congress on the Education of the Deaf*, W. H. Allen & Co., 1880, pp.4–5. https://archive.org/details/gu_reportproce1880iced

2　全国のろう学校教員が集まる全日本聾教育研究大会の記録には、「特に小学校高学年では、いわゆる九歳の壁というものがある」（『第四五回全日本聾教育研究大会研究集録』全日本聾教育研究会、二〇一一、一三〇頁）、「これがまさに九歳の壁の正体の一つである」（『第四六回全日本聾教育研究大会研究集録』全日本聾教育研究会、二〇一二、一六九頁）などの形で言及されている。「いわゆる九歳の壁」という言い方は、それがろう教育の世界で広く共有されている概念であることを示している。

3　Paddy Ladd. *Understanding Deaf Culture: In Search of Deafhood*, Multilingual Matters, 2003, p.7（邦訳は、パディ・ラッド『ろう文化の歴史と展望——ろうコミュニティの脱植民地化』森壮也監訳、長尾絵衣子・古谷和仁・増田恵里子・柳沢圭子訳、明石書店、二〇〇七。本書は拙訳に拠る。）

手話によるインプット

言語学的にみるなら、口話法のまちがいは単純なことだ。言語的なインプットが十分ではないのである。つまりろう児は耳からの十分な音声のインプットがないので、言語意識を発達させることができず、必然的にアウトプットも十分ではなくなる。結果として本来なら獲得できるはずの母語を身につけることができない。そして母語の獲得は臨界期を過ぎると困難になるので、幼児期に十分なインプットがないまま母語を獲得できなかった子は、一生流暢に使える言語をひとつももたないことになる。

言語習得論が専門の言語学者、ピッツバーグ大学教授の白井恭弘はこういう。

まず、もっとも重要なのは、「母語」の確立です。……生まれてすぐに言語のインプットを受けるということは言語発達には非常に重要で、その時期に耳が聞こえないという理由で適切な言語インプットを受けることができない、というのは人権侵害です。（白井恭弘『ことばの力学——応用言語学への招待』岩波新書、二〇一三、九三—九四頁）

言語習得理論からすれば、聞こえない子に音声で言語を習得させるのは、非科学的で方向ちがいの行為でしかない。ところがろう教育の現場、とくに乳幼児の言語習得はいまだに音声が基本になっている。そして多くのろう児は、十分な音声語を身につけられないだけでなく、ほんらい獲得すべき手話という言語を獲得できずにいる。

ろう児にかぎらず、人はだれでも、自分が必要とする言語を獲得する権利をもっている。これは言語権と呼ばれるが、言語権のなかでも「社会生活に必要な言語的条件を獲得する権利」は「生存権としての言語権」とされ、基本的人権の一部とみられている。ろう児が適切な言語インプットを受けられないのは、この意味で「人権侵害」だと白井はいっているのである。

耳が聞こえない、あるいは聞こえにくい子どもの場合、「適切なインプット」は多くの場合、聴覚ではなく視覚を通して実現される。したがって手話が基本になる、というのが言語学者の見方だ。親は、あるいは周囲の教師や医療関係者は、このことを十分に理解していなければならない。

もちろん、音声言語（日本語）を習得できるのならば、それに越したことはないので、障害の度合いによって、また補聴器や人工内耳などを使って音声言語を習得する努力をしてもいいでしょう。しかし、それと並行して手話言語を学ぶべきです。というのは、音声言語の習得に失敗しても、少なくともひとつの母語が保障されるからです。(同、九四頁)

耳の聞こえない子どもに、いくら音でことばを獲得させようとしても無理がある。ならば最初から手話を与えればいいではないか。言語学者は明快にそう考える。それは白井だけでなく、多くの言語学者が口をそろえていうことでもある。彼らは手話が自然言語であることを知っているし、手話を母語とするろう者が音声語とのバイリンガルになれること、そこに言語学的にはなんの問題もないことを知っているからだ。

とはいえそれは今日の話であって、一九七〇年代まではこうした言語学の知見も確立されてはいなかった。口話を進める教育者は、ことばの通じない子どもにことばを覚えさせようとし、覚えていないことばを手がかりに教育を進めるという、アクロバチックな営為をくり返さなければならなかったのである。

けれど当時にあっても、それを無理だと感じる健全な常識がないわけではなかった。草薙進郎らはすでに五〇年以上前の一九六四年、イギリスのグリーンウェイがこういっていることを紹介している。

「殆ど一世紀の間、我々は壮大な口話の実験をしてきた。独占的な口話方式で著しく成功している幾らかの者がいることは否定できない。しかし、大多数にとってそれは失敗に終わっている。なぜならば、コミュニケーションの最善な、最も快適な手段を提供できなかったからである」(草薙進郎・齋藤友介『アメリカ聴覚障害教育におけるコミュニケーション動向』福村出版、二〇一〇、一〇九頁)

一人が成功しても、九九人が切り捨てられるのは、洋の東西を問わず口話教育に普遍的な現象だった。

こうした閉塞状況をなんとかしようと動き出したのは、欧米のろう教育である。

まず必要だったのは、従来のろう教育は「失敗に終わっている」と率直に認めることだった。その一方で、「やはり、手話が必要ではないか」と見直すことだった。見直しの契機となったのは、むかしもいまも、どこでもみられるひとつの普遍的な現象である。すなわち、デフ・ファミリーのろう児は口話も勉強もでき、仲間のリーダーやまとめ役になる傾向が強いということだ。それはやはり手話があるからではないか。そうした見方が、行き過ぎた口話法の荒廃のあとに浮かびあがった。

一九六〇年代になり、アメリカで新たな動きがみられるようになった。口話法に手話も取りいれた、トータル・コミュニケーションと呼ばれる教育法が提唱されたのである。新しい教育法は、またたくまにアメリカ全土に広がっていった。

トータル・コミュニケーション

トータル・コミュニケーションは、ろう教育には口話だけでなく、ろう児とのコミュニケーションがとれるものは何でも導入しよう、という教育法である。この「何でも」のなかには、手話はもちろん、アルファベットや仮名を指の形であらわした「指文字」という表示法や、発音を口形や指の形で表す「キュード・スピーチ」と呼ばれる方法、それに身ぶりやジェスチャーなど、ろう児とコミュニケーションをとるためのすべての方法が含まれていた。

とにかくろう児とコミュニケーションをとること。これをめざしたトータル・コミュニケーション法は、口話一本やりにくらべれば現実的で理にかなった方法にみえ、また多くのろう学校にとって実現可能な方法でもあった。

……トータル・コミュニケーションは、だれもが予想しなかったほど、急速に、広範囲にアメリカ聾教育の中に普及していった。……聾学校では、一九七〇年代の中頃には、五〇—六〇パーセントの学校が、トータル・コミュニケーションを採用しており、一九八〇年代の中頃には、これが八〇—九〇パーセントに上昇している。[1]

トータル・コミュニケーションは、二〇年たらずでほぼ全米に広まったことになる。この急速な普及は、新しい教育法への期待や評価がそれだけ高かったからだろうか。私はそうは思わない。急速な変化は、それまでの口話法がいかに行き詰っていたか、そして多くのろう学校がいかに出口のない状況に追いこまれていたかを如実に示す現象だったと思う。

口話プラス手指、つまり口話とともに手や指の動きを活用するトータル・コミュニケーションは、当初「画期的な変革」で「かなりの成果を上げている」と捉える向きもあった。けれどその後多くの研究が明らかにしてきたことは、とても変革の名に値するようなものではなく、要するに口話法と大差ないということだった。

そのことは、一九八八年に出されたアメリカ政府委員会の報告に示されている。

アメリカのろう教育について包括的にまとめたこの報告は、法律にもとづいて設置されたアメリカ政府の「ろう教育委員会」が、全国で一年半にわたって行った広範な調査結果をまとめたものだ。アメリカの大統領と議会に提出されたこの報告は、実質的に当時アメリカのろう学校の八〇―九〇パーセントを占めていたトータル・コミュニケーションの総括でもあった。その報告書は、本文の冒頭でこういっている。

アメリカの、ろうである人びとへの教育の現状は、受け入れがたいほどに不十分である。これがろう教育委員会の基本的な、避けることのできない結論である。(アメリカ政府ろう教育委員会報告 1988 p.10)[2]

なぜ「受け入れがたいほど不十分」なのか。それはたとえば、「小中学部の教育」の章の一般的なろう児についての次の記述に表れている。

読唇は言語習得にとって多少のきっかけにはなるが、視覚を通して唇から読めるのは、最高でも英語の発音の四〇パーセントにすぎない。積極的な聴覚への刺激は、音声の聞き取りを相当上達させることもある一方で、幼少のろう児は話しかけられた音声のわずか五パーセントしか理解していない。(同 p.41)

言語獲得に決定的に重要な幼少の時期に、音声インプットがわずか五パーセントしか理解されていないのでは、母語の獲得はおそろしく困難な作業になるだろう。母語が十分に習得できなかったろう児は、当然ながら学力も十分に伸ばすことができない。しかしそうした口話法に加え、こんどは手話(手指動作)も使っているのだから、かなりの教育効果があがるのではないか。そう考えたくなるのだが、現実はそうならなかった。

報告はさまざまな調査を進めているが、たとえば一九七四年と一九八三年に行った一〇歳から一八歳のろう児童生徒のＳＡＴ（Stanford Achievement Test）と呼ばれる英語読解力のテストの結果を、次のようにまとめている。

　ＳＡＴの結果からは、ろう生徒の読解力がこの一〇年で若干の進歩を示していることがわかるが、（とくに若年層で）多くのろう生徒は同年齢の聞こえる生徒にくらべ、かなり低い成績のままである。……ほとんどのろう児にとって、英語を習得するには壮大な努力が必要となる。（同 p.43）

この文章につけ加えられたグラフを見ると、ろう生徒の読解力は、一八歳でも聞こえる生徒の八歳のレベルにあることがわかる。ろうの高校三年生の生徒は、聴の小学三年生の読解力しかないということだ。もちろん一八歳より下のろう児は、それよりさらに下のレベルにとどまっている。

この「八歳のレベル」は、純粋口話法時代の「小学三年生のレベル」とみごとに一致している。ということは、とりもなおさず「画期的な変革」と期待されたトータル・コミュニケーションも口話法と何も変わりがなかったということではないか。

これはまさに「受け入れがたいほどに不十分」な結果だったろう。

政府委員会報告は、口話や手話、トータル・コミュニケーションといった、個別のろう教育の方法については評価を避けているが、トータル・コミュニケーションもまた根本的な問題を抱えていることはあきらかだった。

今日の私たちからみれば、失敗の原因は明らかである。

それはトータル・コミュニケーションが、ろう児とのコミュニケーションにこだわるあまり、言語の獲得という最もたいせつな課題に集中していなかったことだ。なるほどトータル・コミュニケーションは口話も手話も、そのほかの手段を何でも使っていたかにみえる。けれどそこで使われていた手話は、英語の一部を手話の単語に置き換えた「手指英語」または「手指音声語」などとよばれるコミュニケーション手段であり、完全な手話ではなかったのである。

トータル・コミュニケーションは不十分な口話と不十分な手話、不十分なコミュニケーション手段でろう児を混乱させるだけだった。そのことをパディ・ラッドはこういっている。

これら〔手指音声語のこと〕は、ろう児やその親を口話主義に特徴的な恐怖と抑圧の世界から解放するのには役立ったが、結局は妥協の産物にすぎなかった。ろう者の教師や手話らしきものはたんなる〝教育上のツール〟でしかなく、それらが有機的で包括的なろう児の育ちや経験、ろうコミュニティをもたらすものだという理解がなかったのである。[3]

声だけでなく「手指」が使われるようになり、教室のろう児はいくらか楽になったかもしれない。しかしその教育は期待された成果をあげなかった。なぜならそこにはろう者の教師がいなかったし、手話そのものが真正な手話ではなく、しかもたんなる道具として扱われ敬意を払われていなかったからだ。ラッドの記述を、私はそのように読みとっている。そこで焦点が当てられているのは教育技術ではなく、ろう児がどのような存在としてみられているか、教育者の視線のあり方なのである。

私は、ろう教育はトータル・コミュニケーション法でもまた、口話法を徹底したときとおなじまちがいを犯していたと思う。それは「ろう児の教育を、聴者が考える」というまちがいである。より正確にいうなら、ろう児の教育を考えるとき、聞こえること、聴者であることを基準に考えてしまう、そのことによって起きるまちがいを回避できなかったということだ。いまでいうなら当事者の不在だろう。トータル・コミュニケーションは、ろう児という第一の当事者が、ほとんどどこにも当事者としての姿をみいだすことのできないしくみだった。

ろう児はどのように育てられるべきか、ろう児にはどのような将来があるのか、ろう児の言語獲得はどう進められるべきか、そもそもろう児にとっての言語とはなんなのか、こうしたろう児の養育、教育のすべては、まず第一の当事者であるろう児の立場から、ろう児の世界から、ろう児の将来から考えなければならない。そのような枠組みのなかで、では何が可能か、何をすべきか考察を進めるべきなのではないだろうか。

ろう児を、聞こえる子に近づけようと育て、教育するかぎり、そこにはろう児にとって超えることのできない壁がうまれる。そのことが、トータル・コミュニケーションを進める人びとのあいだでは理解されていなかった。

1　草薙進郎・齋藤友介『アメリカ聴覚障害教育におけるコミュニケーション動向』福村出版、二〇一〇、三〇―三一頁。

2　アメリカ政府ろう教育委員会報告。US Department of Education / Commission on Education of the Deaf (COED) / *Toward Equality: Education of the Deaf.* A Report to the President and the Congress of the United States, US Government Printing Office, 1988 http://eric.ed.gov/?q=ED303932&ff1=subEducational+Needs

3 Paddy Ladd, *Understanding Deaf Culture: In Search of Deafhood*, Multilingual Matters, 2003, p.xix

台頭するバイリンガル

一九八八年のアメリカ政府ろう教育委員会報告は現状を厳しく批判したが、その一方でろう教育をめぐる多様な側面を調査し、いくつもの論点を提示している。そのひとつであるろう教育の目標について、「小中学部の教育」の章はこう記している。

> 議会と教育省は、ろう生徒の英語（音声、視覚、書記形態を含む）獲得の促進を至上の課題とし、そのための……支援を進めるべきである。連邦政府が出資する研究は、言語の獲得を最優先課題とすべきである。（アメリカ政府ろう教育委員会報告 p.45）

ろう教育の至上の課題が「英語の獲得」であるとしているところに、ろう教育委員会が、そしてアメリカろう教育界が直面する最大の困難が示されている。なぜならそれは、何度もくり返すことになるが、通常、耳からしか獲得できない英語を、耳の聞こえないろう児に獲得させようという、原理的に矛盾する発想にとらわれているからだ。もちろんアメリカ社会で生きていくためには、ろう者といえども英語ができなければならない。けれどそれは英語をもっぱら「耳から」獲得することではないはずだ。ではどうすればいいのか。

この問題を、ろう者に聞けばどうなるだろう。

もちろん答は単純明快だ。

手話でいいではないか。

彼らはそういうだろう。英語ではなく、「手話の獲得」を至上の課題とすること。ろう児はまず手話を獲得し、その手話をもとに英語の読み書きを習得すればよい。さらに希望するものには、音声で話すこと、聞くことの訓練を受けさせればよい。これが、回り道のようであっても、最終的には英語の獲得をたしかなものにする唯一の道だ。

確実な母語としての手話を獲得していれば、その手話を使ってどんな音声語でも学習することができる。音声語、アメリカの場合には英語の習得は、少なくとも読み書きに限定すれば社会生活に必要なレベルに達することは十分可能だ。そうしてろう児は手話と音声語の読み書きを身につけたバイリンガル、二言語使用者になればよい。

これが、バイリンガル法と呼ばれるろう教育の新しい方法である。

アメリカのろう教育委員会が最初からこのような視点に立っていれば、最大の困難、すなわちろう児にいかにして英語を獲得させるかという課題をきれいにクリアできただろう。報告書は、ろう児にはまずアメリカ手話を獲得させせよ、そののちにアメリカ手話を使って英語の読み書きを習得させればよい、さらに希望者には音声英語を習得させる、と勧告すればよかったのである。

実際に、アメリカでは当時すでにそのような動きがはじまっていた。委員会報告が公表されたおなじ年の一九八八年、マサチューセッツ州に最初のバイリンガルろう教育を行うろう学校が設立されたのである。バイリンガル校の数はその後、年とともに増えていった。

委員会も、こうしたバイリンガルへの動きを視野に入れていたにちがいない。またすでにスウェーデンなどではじまっていたバイリンガル教育にも触発されていたはずだ。そうした事情を反映し、報告書はアメリカ手話の記述にも多くのページをさいている。そこにはまずこう書かれている。

私たちの国の主要な言語の一つであるアメリカ手話（ＡＳＬ）は、ＡＳＬを母語とする子どもたちの教育に決定的な役割を果たしている。（同 p.66）

報告はまた、教育省はアメリカ手話を母語とする子どもたちに十分な英語教育を行ってこなかったと、次のように指摘している。

時代遅れの教育政策は、最新の言語学と心理学の科学的な知見に沿って変えていかなければならない。アメリカ手話を第一言語とする子どもたちは、スペイン語やナバホ語といった少数言語を話す子どもたちとおなじように、自分の言語を排除され、侮辱され、否定されることできわめて不利な教育を受けてきたことがたびたび明らかになってきた。すべての少数言語の話者は、議会と司法が規定する教育上の救済を受けてきたが、それはアメリカ手話を話す子どもたちにも等しく適用されると信じたい。

（同 pp.68–69）

報告書はここで、きわめて重要なことをいっている。それはアメリカ手話を言語としてはっきり認めていることだ。そしてアメリカ手話はスペイン語やナバホ語とおなじく、アメリカ国内で使われている多くの少数言語の一つであると指摘し、アメリカ手話を使う子どもは他の少数言語の子どもたちとおなじように扱われなければならないといっているのである。そこには「最新の言語学と心理学の科学的な知見」が、過不足なく反映されていた。

少数言語を話す子どもたち、たとえばスペイン語を話すメキシコからの移民の子どもたちに対して、アメリカはすでに一九六八年、バイリンガル教育法を制定して彼らの英語習得への道を開いている。報告は、この法律がろう児にも適用されるべきだと指摘したのだった。すなわち手話が言語である以上、「手話を母語とする子どもたち」もまた、手話と英語のバイリンガルとして教育されるべきだというのである。

もっとも、「手話を母語とする子どもたち」というのは、字義どおりに読めばデフ・ファミリーの子どもたちにかぎられている。聴者の親のもとに生まれたろう児は、そのままでは「手話を母語とする子どもたち」にはなりえないからだ。ではデフ・ファミリー出身ではない大多数のろう児または聴覚障害児が、どのような言語をどう獲得すべきかという肝心かなめの問題はここでは巧妙に回避されている。委員会のメンバーには口話論者も手話論者もいることから、玉虫色のまとめ方になったのだろう。けれどそうした事情にもかかわらず、報告は「手話と英語のバイリンガル」という概念を明確に打ち出していた。

この報告以降、アメリカのろう教育のなかにははっきりとしたバイリンガルへの動きがみられるようになった。

草薙らのまとめによれば、二〇〇四年には全米のろう学校のうち、四一校がバイリンガル教育を行うようになった[1]。またラサッロらは、二〇〇三年の時点でアメリカのろう学校生徒の三六パーセントから四〇パーセントが、バイリンガルろう教育プログラムのもとで学ぶようになったと報告している。[2]

二〇一二年に来日したメリーランドろう学校の教諭や、その前後、明晴学園にやってきた多くのアメリカの関係者の話をまとめると、今日アメリカのろう学校の多くは多様な教育法を提供している。たとえばメリーランドろう学校はバイリンガル教育を基本とするが、希望する生徒には口話も教えるという。私立学校のなかには、アメリカ手話中心のところもあれば、聴覚口話法中心のところも残っている。

こうした複合的な状況が進んできたため、最近の調査はろう学校で実際に使われているコミュニケーション様式を複数回答によってまとめている。国立特別支援教育総合研究所が二〇〇八年にまとめた報告によれば、アメリカのろう学校などで使われているコミュニケーション様式は、おおざっぱにいってアメリカ手話が八割、聴覚口話が四割、バイリンガルが六割、といった傾向を示している。[3]

おなじ時点の日本のろう学校の調査は、手話が二割、聴覚口話が九割、バイリンガルは統計なし、となっている。日本最初のバイリンガルろう教育をはじめた明晴学園は二〇〇八年の開校だから、この時点では統計にも載っていない。こうした数字をみると、アメリカで進むバイリンガルへの動きに対し、日本のろう教育は完全に乗り遅れたまま、いまだに口話教育に偏していることがわかるだろう。[4]

ろう教育は一九世紀までの手話法、その後の口話法からトータル・コミュニケーションへ、そしてバイリンガルへと変わってきた。この一世紀の経過をみたとき、専門家のなかにはろう教育はたいへんな回り道をしたあげく、もとにもどってきただけだという捉え方もあるようだ。欧米でも日本でも、一九世紀までのろう教育は手話が中心だったので、今日のバイリンガルは一五〇年前の形に戻っただけだという指摘もある。

もとにもどったのか、それとも新しい地平に達したのか。どちらにせよ、これで問題が解決したわけではない。なぜなら、こんどはバイリンガル教育の中身そのものが問われているからだ。従来の口話に偏重したろう教育は「受け入れがたいほどに不十分」だったが、バイリンガル教育はそれをはるかに超え、耳の聞こえる子どもたちと遜色のないレベルを目ざさなければならないのである。とはいえ、バイリンガルの第一言語である手話はどのように獲得され、使われるのか、また手話をもとに音声語の読み書きを習得するといっても、具体的にはどうするのか、そもそも文字のない言語である手話で、どうすれば音声語の読み書きが習得できるのかといった困難な課題をいくつも抱えている。そうした課題に立ち向かえる高い資質をもち、かつ流暢な手話が使える教員を確保することは容易ではない。

それだけではない。人工内耳という新しい技術の普及で、ろう児の言語習得は大きく変わろうとしている。これまでの視覚による言語習得だけでなく、聴覚も活用した二言語の習得、すなわち「バイモーダル・バイリンガル」[5]と呼ばれる言語発達が、現実の課題として現れてきたからだ。手話を基盤とした音声語の習得という新しい方向については、このあとであらためて論じよう。

手話から口話へ、口話からトータル・コミュニケーションへ、そしてバイリンガルへと、ろう教育はめまぐるしい変貌をとげてきた。いままたバイリンガルから人工内耳を活用したバイモーダルへの動きがはじまっている。けれどそのようにめまぐるしく変遷する教育、医療の技術を超えて浮かびあがるのは、変わることなくろう児を支えてきた手話という言語の姿である。ろう教育がどれほど変わっても、聴覚に対する医療がどれほど進歩しても、そして聞こえる人の社会がろう児と呼ばれる子どもたちの発達と身体にどれほど介入しようとしても、手話は子どもたちを守りつづけてきた。手話はろう児を裏切らなかった。かぎりなく変貌し、百年ものあいだ右往左往したかにみえるろう児をとりまく世界のなかにあって、手話だけはその姿を変えることがなかった。

ろう教育が音へのこだわりから解放され、口話からトータル・コミュニケーションへ、そしてバイリンガルへと進んできたのは、私たちの社会で手話がしだいに言語として認知されてきた経過に対応している。手話がそのほんとうの姿を、変わることのない姿を現すにしたがって、あるいは見いだされるにしたがって、ろう教育の「ろう児を聴者のように作りあげる」という目的は、変容せざるをえなかった。聞こえる人びとがろう児をどのように作りあげようとしても、彼らと手話を切り離すことはできなかった。手話とは、そこまで強靭な言語なのである。そのことがいまようやく、聞こえる人の社会に認められはじめたのではないだろうか。

手話という言語のほんとうの姿を、こんどは言語学という科学の視点からみてみよう。

1　草薙進郎・齋藤友介『アメリカ聴覚障害教育におけるコミュニケーション動向』福村出版、二〇一〇、五六頁。多くのろう学校はトータル・コミュニケーション法や聴覚口話法なども併用しているので、学校全体がバイリンガル化したということではない。

2　Carol LaSasso, et al., Survey of Residential and Day Schools for Deaf Students in the United States that Identify Themselves as Bilingual-bicultural Programs. *Journal of Deaf Studies and Deaf Education.* (2003) 8(1): pp. 79–91
http://jdsde.oxfordjournals.org/content/8/1/79.full.pdf+html

3　小田侯朗「聾学校での指導と手話の活用を考える」『聾学校におけるコミュニケーション手段に関する研究―手話を用いた指導法と教材の検討を中心に―』独立行政法人国立特別支援教育総合研究所、二〇〇八、八頁。

4　同、八頁。

5　今日の言語学は、言語には少なくとも二つのモダリティ（様式）があると考えている。すなわち聴覚をとおして使われる音声言語のモダリティと、視覚をとおして使われる手話言語のモダリティの二つである。手話言語を使い、かつ音声言語を「聞き、しゃべり」もする言語使用者を「バイモーダル・バイリンガル」という。

二　自然言語としての手話

ストーキーの発見

手話は、じつはれっきとした言語なのだと最初に言い出したのは、アメリカのウィリアム・ストーキーだった。いまから半世紀以上も前の一九六〇年のことである。

ストーキーはアメリカのギャローデット大学で英語を担当する教授で、構造言語学者でもあった。学生たちに中世イングランドの詩人チョーサーの講義をしながら、アメリカのろう者の手話について独自の研究を進めていた。その結果を「手話の構造」という論文にまとめ、次のように述べている。

……アメリカのろう者の手話は……言語様の性質と機能を有しているという確たる証拠があることを提示したい。これが十全なる言語であると言語学者が判断するまでには、本稿に示されたような証拠がさらに多数集積されなければならないだろう。実際には多くのろう者と彼らとともに暮らす人々にとって、手話が言語かどうかはとうの昔に解決済みの問題であるのだが。[1]

ストーキーの研究は、アメリカ手話には英語の「音素」に相当する、手の「特定の動きや形」があり、それが組み合わさって単語ができること、そして単語が組み合わさって文章ができるという、言語の

「二重分節」といわれる構造がたしかに認められることを指摘していた。それだけでなく、手話の「音素」は特定の形で結びついて変化し、音声語の「音韻」に相当する特徴をもつことも示唆している。それはもうたんなるジェスチャーの集まりではない。内部に規則的な構造をもつ記号の体系、すなわち言語そのものである。

手話は言語であるといいはじめたストーキー論文は、はじめのうちこそ同僚の教授たちに無視され、笑いものにされたようだが、しだいにその価値が認められていった。そして七〇年代後半から多くの研究者が手話言語学の分野に参入し、アメリカ手話は英語の音素、音韻にあたる部分だけでなく、形態から統語、用法にいたるあらゆる面で、複雑で洗練された文法構造をもつことがあきらかにされていった。こうした研究は八〇年代から九〇年代にかけて数々の重要な論文となり、手話は疑いの余地なく言語であるという認識が言語学者のあいだに確立された。

もちろんこれらはほとんどがアメリカ手話についての研究であり、これがそのまま日本手話にあてはまるとはいえない。しかし一九八〇年代になって、日本でも日本手話の音韻論や形態論の研究がはじまり、手話は言語であるという認識が広がっていった。[2]

今日の言語学者は、日本手話もまたアメリカ手話同様、言語がもつ必須の要素をすべてもっているとみている。すなわち言語学的にみればアメリカ手話も日本手話もともに「完全な言語」であり、いずれもこの地球上で人間が使う何千もの自然言語の仲間だということだ。

ここで自然言語というのは、日本語や英語、日本手話のように、それを使う人間集団のなかで自然に発生し使われてきた言語、という意味である。同時に、人工言語ではないという意味もふくんでいる(手話の世界には人工言語として作りだされた手話があり、じつはこちらの方が〝多数派〟である。自然言語としての手話、自然手話は〝少数派〟だが、そのことについては後述する）。自然言語としての手話は、日本では日本手話、アメリカではアメリカ手話と呼ばれるが、この二つは日本語と英語がちがうように別の言語とされている。

手話は世界共通と誤解している人もいるが、それぞれの国、社会で異なり、地球上には二〇〇以上の手話があるともいわれている。また手話は自然言語なので、地理的、文化的、歴史的な制約を受けている。たとえばカナダでは多くのろう者がアメリカ手話を使うが、おなじカナダでもフランス語圏のケベック地方ではケベック手話と呼ばれる別の手話を使う。さらにイヌイットにはイヌイット手話がある。イギリスとアメリカはおなじ英語圏の国々だが、イギリス手話とアメリカ手話は別のことばだ。一方アメリカ手話は歴史的にフランス手話の強い影響を受けているので、いまでもこの二つの手話には共通した部分が多いとされる。

このように多くの種類がある手話だが、興味深いことにこうした手話のあいだにある敷居は、少なくともろう者にとって、音声語のあいだにある敷居よりもだいぶ低いようだ。なぜならろう者はどこでも、母語以外の手話を比較的容易に習得するからだ。アメリカのろう者が日本に来て日本のろう者に会い、それまでまったく知らなかった日本手話を数日のうちにかなり使えるようになるのは日常の光景である。これはどんな手話のあいだでも起きるようで、それを当然のことと思っているろう者は、聴者が他の音声語を覚えるのになぜ多大な労力と日時を要するのかがよくわからないという。

とはいえそれはけっして、手話が音声語よりかんたんなことばだということではない。ろう者が他の手話を容易に習得できるのはあくまで日常会話レベルで、むずかしい話や抽象的、学術的なレベルの話になると、ひとつの手話を別の手話に翻訳するきちんとした手話通訳が必要だ。そうした会話では正確で精密な語彙と文法を駆使しなければならないからだ。ろう者がなぜ母語以外の手話を、日常会話レベルとはいえかんたんに習得するかは、彼らのコミュニケーション能力の高さと、言語と表裏一体の「ろう文化」を共有しているからだろう。その解明は今後に残された魅力的な研究課題のひとつだと思う。

1 William Stokoe, *Sign Language Structure: An Outline of the Visual Communication Systems of the American Deaf*, reprint, Linstok Press, 1993, p.i

2 神田和幸「手話入門」『ことばと人間――新しい言語学への試み』伊藤克敏・牧内勝編著、三省堂、一九八六、四二六―四四三頁。

自然言語に優劣はない

「手話は言語である」という研究が公表されてから、半世紀以上がたった。そして多くの言語学者が、手話は疑いの余地なく人間の自然言語のひとつであると考えるようになってからでも、三十年はたっているだろう。けれどそうした知見はアメリカでも日本でもなかなか言語学以外の分野には広がっていない。ことに日本のろう教育関係者のあいだでその傾向は顕著で、ろう児にことばを教えることを専門にしている人びとの多くが、いまだに言語としての手話に対する誤解と偏見を抱きつづけている。

かつてある聴覚障害児施設の理事長は私に、「手話なんてものを使っていたらあなた、動物とおなじになってしまうんですよ」と警告してくれたし、ろう学校の校長のひとりは、手話では「十分な表現ができない、単語を並べただけ」、だからろう教育に「手話なんか入れなくてもいいんです」といいきっている。そこでは一貫して、手話は日本語より劣る言語だという捉え方、あるいは言語以前の原始的なコミュニケーション手段にすぎないという捉え方がされていた。

手話についてかなり理解が深いとされている専門家のあいだでも、そうした見方は本質的に変わることがなかった。たとえば日本のろう教育の権威とされた学者は、一九八〇年代にこういっている。

もとより、手話はまだ未完成の、いわば発展途上の「ことば」であり、また歴史的・社会的事情から、研究の鍬がほとんど入れられていない「ことば」である。（中野善達『手話の考察』福村出版、一九八一、四頁）

また長年ろう教育の現場に立ち、ろう教育の歴史にも詳しい専門家は、手話についてこう記述している。

心理学者ヴントが論じた身振り語といえようが、一単位の動作に主述関係や状況を一挙に示す場合もあるなど、音節や品詞に分節できる一般の音声言語と表現形式を異にする。具象的で端的な半面、複雑な問題や、抽象的な内容には身振り語の制約は否めない。（岡本稲丸『近代盲聾教育の成立と発展――古河太四郎の生涯から』ＮＨＫ出版、一九九七、六〇〇頁）

いずれも手話は「未完成」で「発展途上」で、抽象的なことを表すには「制約」のある「ことば」だといっている。そもそもことばに「　」をつけたり「身振り語」と表記しているくらいだから、完全な言語とはみていないのだろう。そのような「ことば」で国語や算数などの教科を教えることはできないというのが、長年の教育者の常識、あるいは良識だった。

けれど日本のろう教育界の常識は、現代言語学の常識とは合致しない。

手話はすでに完成された言語であり、あらゆる抽象的な表現を可能にする言語である。もし手話は未完で発展途上、表現に制約があるというなら、日本語もまたおなじように未完で発展途上、表現に制約のある言語だといわなければならない。いや、言語一般にそのような限界があるといわなければならない。手話と日本語やそのほかの言語とのあいだにあるちがいは、未完かそうでないかではないのである。

そのことを、認知心理学者のスティーブン・ピンカーは次のようにいっている。

地上のあらゆる場所に複雑な言語が存在するという事実は、言語学者を厳粛な気持ちにさせる。……石器時代さながらの部族はあっても、石器時代さながらの言語は存在しないのだ。今世紀前半すでに、言語人類学者のエドワード・サピアは書いている。「言語形態にかぎっていえば、プラトンがマケドニアの豚飼いと肩を並べ、孔子がアッサムの首狩り族と同列になる」(スティーブン・ピンカー『言語を生みだす本能 上』椋田直子訳、NHKブックス、一九九五、三一―三二頁)

ピンカーはここで、人間の生活のなかには電気も車もない原始的な生活もあれば、携帯電話と自家用車があふれる先進の生活もある、けれどそうした生活で使われている人間の言語はどれもみな本質的にはおなじで、どの言語が原始的でどの言語が文明的だというようなちがいはない、といいきっている。

すべての言語はそれ自体完成されていて、しかもそれら言語のあいだに「優劣はない」というのが今日の言語学者の共通理解だ。日本語がフランス語より優れていることもなければ、日本手話が日本語より劣っていることもない。もし手話が「未完成、発展途上」だとするなら、そもそもそれは言語ではないといっているに等しい。もしも日本語で国語や算数などの教育ができるのであれば、かならずそれは手話でもできるのである。

手話に対する疑いの視線は、アフリカ系アメリカ人の英語、いわゆる黒人英語に対する一部の白人社会の反応と酷似している。アメリカではこれまでなんどもアフリカ系アメリカ人の英語を「標準英語の崩れたもの、下品な俗語」であるというような主張がむし返されてきた。しかしストーキーとおなじ時代の言語学者、ウィリアム・ラボフが、アフリカ系アメリカ人の英語はBe動詞の使い方に標準英語とは異なる洗練されたルールがあると報告してから、言語学者の認識は変わっていった。アメリカ言語学会は一九九七年一月、アフリカ系アメリカ人の英語にまつわる論争に関して、次のような決議を行っている。

> 実際のところ、人間の言語体系はすべて、音声であれ手話であれ書字であれ、そのままで正常な姿なのである。アフリカ系アメリカ人の言語も、文法と発音の形式に規則性と表現形があることは過去三〇年の多数の科学的文献によって確立されている。この言語をスラングや変異種、あるいは、あいまいだとか、欠陥品、文法がない、ブロークン・イングリッシュだなどというのはまちがいであり、中傷である。[1]

アフリカ系アメリカ人の英語に対する一部のアメリカ社会の見方は、そっくりそのまま、手話という言語に対する聴者社会の一部の見方にもあてはまる。

言語学者で慶応義塾大学教授の松岡和美も、私とのインタビューでこういっている。

（アフリカ系アメリカ人の英語は）使ってる人が見下されてきたんですね。まともな言語じゃないと。日本手話についてもまったくおなじことがいえるんです。マジョリティの人がマイノリティの人を差別して、彼らが使っている言語にも独特の洗練されてるものがあるなんてぜんぜん思わない。そういう目で見ていると、おなじコミュニティに自分たちとは別の言語も存在するということがわからないんですね。

日本には数少ない手話言語学の研究者でもある松岡は、「日本手話には日本語とはかなりちがう特性があり、ときには日本語より細かいルールがある」という。

たとえば「ない」という否定形の表現がそうだ。

具体的な例でいえば、日本語の「納豆は食べない」という文は、手話だと「ない」の表現が何通りにもなる。「食べることをしない」のか、「嫌いだから食べない」のか、アレルギーなどで「食べることができない」のかで、手話はそれぞれに「ない」の表現がちがう。一方日本語はどれもおなじ「ない」である。そこだけみれば日本語は単純で、手話はより複雑で洗練された言語だということもできるだろう。そのような例を、言語学者は無数にあげることができる。

どの言語もそれぞれに特性はあるが、総体としてみたとき、すべての言語はそのままで完成されている。プラトンとマケドニアの豚飼いは、なにをいうかに雲泥のちがいはあっても、それをいうときに使う言語の複雑さに差はないのである。

すべての言語は完成されていて、その間に優劣はないということは、生物種としての人間が一種しかないことと重なりあっている。地球上にはじつにさまざまな肌や髪、目の色、姿かたちや行動様式の人間が存在するが、種としてはみなおなじホモ・サピエンスだ。種として完成されていて、その間に優劣はない。

それはすなわち、やや乱暴な言い方にはなるが、すべての人間の脳は本質的にみなおなじしくみをもっていて、その脳が処理する言語もまた本質的にはみなおなじだということだ。人間とチンパンジーの中間のような「人間」が存在しないのとおなじように、チンパンジーの身ぶりと人間の言語の中間のような「言語」もまた、存在しないということなのである[2]。

すべての人間の脳がおなじだというのは、ひとりひとりの差異を認めない抑圧的なものの言い方になる危険もあるだろう。それを承知であえていうのは、言語というものをみるとき、人はそこに差異ではなく優劣をみる傾向が強いからだ。しかも言語の優劣を容易にその言語を使う人間集団の優劣に結びつけてしまう。その傾向が強いところでは、すべての言語は本質的に「おなじ」でその間に「優劣」はないと、なんどでも強調しなければならない。

人間の集団同士のあいだには、ほとんどいつも、どこでも、社会的、経済的な優劣や強弱、格差や不平等がある。しかし人間の使う言語には、どの集団のどの言語にも、そうした差が認められない。あるいは、現代言語学がどれだけ研究を進めても、特定の人間言語のあいだに優劣があるという結論は出てこない。日本語が精緻で洗練された奥深い言語だというならば、手話もまた精緻で洗練された奥深い言語なのだ。このことを私たちはしっかりと踏まえておきたい。

1　http://www.linguisticsociety.org/resource/lsa-resolution-oakland-ebonics-issue

2　三万年前に絶滅したネアンデルタール人の言語は、現生人類の言語ほど高度なものではなかったと推測されている（内田伸子「言葉を話したか」『ネアンデルタール人の正体――彼らの「悩み」に迫る』赤沢威編著、朝日選書、二〇〇五、二七五頁)。彼らの言語は原始言語と人間言語のあいだの「未完成な言語」だったのかもしれない。

民間信仰から言語科学へ

手話という言語をめぐって、この社会にある葛藤がもっとも顕著に表れるのがろう教育という場だ。そのろう教育の場で、一九八〇年代から九〇年代にかけ、手話を取り入れるべきではないかという声が日本でも次第に強まってきた。

それはそのころ、海外からバイリンガルろう教育などの情報が入ってきたこと、また保護者のあいだに「ろう学校ではなぜ手話を使わないのか」といった声が聞かれるようになってきたこと、そしてろう者自身が「ろう教育に手話を」と議論するようになってきたこと、などの動きがその背景にあったからだ。

そうした声に押されて、既存のろう教育についての議論や批判も聞かれるようになった。そこでしだいに明らかになってきたのは、ろう教育の柱である口話法には、ほとんど科学的な根拠がないということだった。権威や専門家といわれる人びとのむかしからの言説が、そのまま受け継がれてきただけで、学術的な検討に耐える議論がほとんどない。根拠とされた言説はみな、もとをたどれば「人間なら声を出さなければ」、「日本人なら日本語を」、「努力すれば聞こえるはずだ」といったたぐいの思いこみに帰結するかのようであった。

ろう教育をめぐる議論がいかに貧困で恣意的であったかについては、すでに上野益雄の論考を参照した（三七頁）。一次資料をもとに検証した上野は、日本の関係者のあいだで受けつがれてきた言説、すなわち手話が広がったアメリカも、じつははじめは口話をめざしていたのだというような言説が、口話派といわれる人びとの意図的な曲解だったことを明らかにしている。

おそらくここにある真の問題は、史実が歪曲されたということではなく、そうした言説を検証する気風がなかったということだろう。その気風が受け継がれ、今日に至るもなおその本質的な部分が温存されているということではないだろうか。

日本のろう教育はそれじたいが完結した世界になっているかのようで、外部から「最新の言語学と心理学の科学的な知見」を取りいれてきた形跡はほとんどみられない。それは森川佳秀の読売新聞への寄稿にもみてとることができる。元小樽聾学校校長の森川はこう述べている。

> 手話の言語体系は、日本語体系とも違う。明確な文法規定がないので、文章の関連づけが曖昧《あいまい》で情緒的に理解してしまう。
>
> 手話の表現単位には、同表現異義語がたくさんある。「準備」「整理」「片づける」は同じ表現である。聴覚障害者が日本語体系を十分習得しないまま成長すると、「読み、書き」ができなくなる恐れがある。日本語体系の習得は、手話では難しい。（「読売新聞」二〇〇六年一二月七日）

このなかで、言語学的に明らかな誤りといわなければならないのは、手話には「明確な文法規定がない」という記述だ。なぜなら「明確な文法規定がない」言語などないし、もしそうならそれは言語ではないからだ。これは「文法書が書かれていない」ということであり、「明確な文法規定が、自分たちには見えない」ということだったのではないだろうか。実際には手話には厳密な文法があり、たとえばほんのわずかな指の動きでまったくちがう意味になり、わずかな間のおき方で「私と妹」か「私の妹」かを区別している。ほとんどのろう学校の先生は、そのちがいを読みとることができないので、手話はあいまいなことばだと思っている。

「同表現異義語」がたくさんあるのは、語彙が少なくてまぎらわしいということかもしれないが、それでもなおろう者がきちんと意味を伝えあっているのはなぜだろうか。そこには同表現異義語を使い分ける「明確な文法規定」があるのかもしれないと疑問を抱いていれば、手話の精緻な構造の一端が発見できていたかもしれない。

この寄稿はほかにいくつも大きな問題を含んでいる。しかしそれを指摘するのはもとより筆者個人を批判するためではない。筆者は長年にわたりろう児の教育を真摯に進め、誠実な努力を重ねてきた教育者だろうが、そこで述べられていることは個人の論というより、ろう教育の専門家という大きな集団のなかで共有されてきた「事実」や「見解」、「概念」の反映だと思うからだ。そしてそうした「事実」や「見解」、「概念」は、「最新の言語学と心理学の科学的な知見」とはずいぶん隔たっていることを明らかにしたいためだ。

そのうえで述べておきたいのは、手話が未発達の言語だとか、文法がない、あいまいなことばだという人びとは、問題があたかも手話自体のなかにあるかのような言い方をするが、そうではなく、問題は「手話を見る人」の方にあるのではないかと、視点を変えてみる必要があることだ。

たとえばアメリカ人の英語を聞いて、よく意味がわからない、あいまいだというとき、私たちは英語という言語自体に問題があるとは思わない。英語には「明確な文法規定がない」などと考えることはなく、多くは聞き手の英語力に問題があると思うだろう。ところが、これが英語ではなく手話となると話はまったくちがってしまう。あいまいなのはつねに「手話ということば」のせいか、あるいは「それを話しているろう者、ろう児」の知的レベルの問題にされてしまうのである。

そうしたことの延長上に、「日本語体系の習得は、手話では難しい」という一文が加えられている。これは、手話を使っていたのではろう児は日本語を覚えることができないということだろう。

手話では日本語を覚えられない、あるいは手話を使っていたら日本語が入らなくなる、という定型的な言い方は、口話教育とともにろう学校の先生たちのあいだに広く受けつがれてきた信念のようなものである。しかしこの世界のほかの多くの信念同様、これもまたなぜそのようなことがいえるのか根拠がよくわからない。そしてここでもまた、三〇年前の、いやもしかすると五〇年前の、言語に対する誤った理解が、ろう教育の場で尾を引いている。

そのことに気づかせてくれたのはピッツバーグ大学の白井恭弘だった。白井は、言語については多くの民間信仰があり、科学的事実とは合致しないと指摘して、バイリンガル、二言語習得についてこう述べている。

> 一九六〇年代まではバイリンガルは頭が混乱しているというように、北米の心理学の教科書に堂々と書いてありました。ところが一九七〇年代に入って、そんなことはありえないと……（いまは）言語学者も心理学者も七〇年代以降の世界を生きてますけど、一般社会はどうでしょうか、六〇年代の世界で生きてるんじゃないかという懸念があります。（「言語習得理論からみたバイリンガル・バイカルチュラルろう教育」二〇一四年一月二五日、国立青少年センターでの講演から引用）

六〇年代までの心理学は、人間の脳には一定の限界があり、二つもの言語を収納するバイリンガルは脳を圧迫し混乱を招くという考え方がとられていた。こうした考え方はいまでも尾を引いており、英語を学ぶろう児は同時にアメリカ手話を学んではならないという主張が、ことに口話を主張する人々のあいだに残っている[1]。むしろそうした考え方は、日本にもっとしっかり残っているかもしれない。それが手話を覚えると日本語が入らないという信念を支えてきた一つの要因だったのだろう。

今日の言語学と心理学は、六〇年代とはまったくちがった見方をしている。バイリンガルの子どもは、ひとつの言語しか使わないモノリンガルの子どもにくらべ、頭が混乱しているどころか明らかに認知能力が優れ、創造的で高度な思考を進めることができるという一貫した研究結果がいくつもまとめられている。そしてバイリンガルの頭のなかでは二つの言語が別々に存在しているのではなく、二つの言語能力が相互に資源を共有し、補強しあっていると考える「二言語基底共有説」が広く受け入れられている。

白井は、人間の脳は「信じられないくらい柔軟にできている」ので、二言語や多言語の負荷をかければかけるほど、「できないことができちゃう」ようになるのだという。そうして負荷をかけつづけると脳の神経細胞は鍛えられ、必死に自らを再構成してゆくのだろう。このバイリンガル理論は多くの実証的な研究に支えられ、また私たちの経験的な見方とも合致し、理論というよりは定説となっている。また言語学だけでなく、心理学や認知科学によっても広く支持されている。

最近ではバイリンガルは認知症になりにくいし、なったとしても症状は軽く、なおかつその後の進行も遅いという研究が発表されている。バイリンガル的な言語活動は、芸術や科学などの他の知的活動よりも脳を鍛える度合いが格段に高いということなのだろうか。バイリンガルの脳は、脳細胞を効果的に再組織し活用するしくみを獲得するのかもしれない。

1　ろう児がアメリカ手話を覚えると英語が入らない、という主張の根拠として今日でもよく引用されるのがC・メイヤーらのやや古い論文である（C. Mayer, et al., Can the Linguistic Interdependence Theory Support a Bilingual-bicultural Model of Literacy Education for Deaf Students?, *Journal of Deaf Studies and Deaf Education,*（1996）1(2), pp.93–107）。メイヤーらは手話を使っていたのでは英語の読み書きの習得は困難だと主張しているが、この論文は実証的な裏付けがなく論理的にも混乱していると批判されている（Jim Cummins, The Relationship between American Sign Language Proficiency and English Academic Development: A Review of the Research, 2006. www.gallaudet.edu/documents/cummins_asl-eng.pdf）。

二言語基底共有説

バイリンガリズムの研究を進める力となったのは、皮肉なことに、アメリカにはびこっていたモノリンガリズム、一言語主義だったようだ。バイリンガル研究の泰斗とされるジム・カミンズは、アメリカの大統領補佐官だったモノリンガル主義者、アーサー・シュレシンジャー・ジュニアの次のような主張を紹介している。

バイリンガリズムは扉を閉ざす。それは閉鎖集団を生みやすく、閉鎖集団は人種的な敵対感情を生みやすい……アメリカ社会で英語以外の言語を使えば、二級市民への運命をたどることになる……モノリンガル教育こそが、広い世界への扉を開くのだ。[1]

モノリンガリズムは、アメリカという国に英語以外の言語をはびこらせてはならない、という、旧弊な「一国一言語」主義のことだった。それは六〇年代心理学の、「バイリンガルは頭が混乱している」という誤解とも結託していたことだろう。

モノリンガル主義者がバイリンガル教育を非難し、バイリンガル教育は無効で有害だという主張をくり返したのに対して、カミンズをはじめとする心理学者、言語学者は、検証に耐える緻密な研究を四〇年にわたって積み重ね、バイリンガルの有効性、優位性を見いだしていった。そしてバイリンガルの理論的支えとなる二言語基底共有説を確立していった。

今日のバイリンガル理論は、アメリカの激しい社会的政治的論争にもまれ、多様な批判と検証にさらされながら、実証研究によって確立された理論といえる。

そのバイリンガル理論の出発点となるのが、一九八一年にカミンズが提唱した二つの言語の「相互依存仮説」だ。カミンズはこの仮説を、のちに「二言語基底共有説」へと発展させている。

相互依存仮説をカミンズは次のように述べている。ここで「Lx」とあるのは第一言語、「Ly」は第二言語のことだ。

Lx言語が十分な流暢さにまで獲得される教育が行われていれば、Lx言語からLy言語への転移は、Ly言語との十分な接触があるところで（学校や学校以外の環境で）、また学習への十分な動機づけがあるところで、Lx言語が達成されたのとおなじ程度にまで達する。[2]

学術論文の記述なのでかなりわかりにくいが、これを私自身はこう読み換えている。

「ろう児が手話を十分に獲得しているなら、手話の言語能力は日本語に転移し、日本語も手話とおなじ程度にまで獲得できるようになる。ただしそれは手話も日本語も十分な環境にあり、かつ日本語習得への十分な動機づけがなければならない。」

これはバイリンガルろう教育にとって肝心かなめのポイントである。すなわちろう児の日本語習得を成功させたいのであれば、まずしっかりした手話を獲得していなければならないということだからだ。そしてまた、手話の力は日本語に転移するが、それは手話の力に応じて転移する、あるいは逆にいえば、手話の力を超えて日本語の力が伸びることはないといっているからだ。

バイリンガルといっても、たとえば英語とスペイン語のような音声バイリンガルの場合、幼児は二つあるいは三つ以上の言語を同時に獲得することができる。けれどろう児の場合、自然に獲得できる言語は手話なので、まず手話を第一言語にするのがもっとも自然で完全な言語獲得への道となる。もちろん手話とともに音声語を習得することは可能で、手話と音声語を同時に与えてもかまわない。ろう児のなかには、早くから残存聴力を使って音声語の習得を進める子もいるだろう。ただしその場合も、手話はけっしておろそかにされるべきではない。なぜならろう児の音声言語習得は、通常不完全な形で行われ、しっかりとした第一言語にはなりえないからだ。

まずしっかりとした第一言語としての手話を獲得すること。そのうえで二つ目の言語である日本語を習得すること。これはろう教育の場合のバイリンガル理論の基本であり、どれほど強調してもしすぎることはない。ろう児の親のなかには、そしてまたろう学校の教師のなかにも、しばしば手話を軽視して日本語習得を進めようとする傾向がみられるが、それはバイリンガルの科学からみて無理な話なのである。

私たちはそのことを経験から学びとり、カミンズの理論によって裏づけてきた。

だから私たちのバイリンガル教育はまず手話を、それも乳幼児期からしっかりとした手話を身につけることを基本にする。そしてその手話をもとに、日本語の習得へと進むようにしている[3]。

ここでもうひとつ忘れてならないのは、学校教育で使われる言語は「生活言語」から「学習言語」へと発達しなければならない、ということだ。

生活言語というのは乳幼児や子ども、学校教育を受けなかった人びとのあいだで使われる、「いま」と「ここ」のことばである。日常生活にはそれでこと足りても、高等教育には適さない。複雑な思考を進め、抽象的な論理を運用するためには、学習言語を身につけなければならない。そしてバイリンガルの理論と研究によれば、ろう児が学習言語としての手話を発達させたとしても、それに応じたレベルの日本語を習得するまでには、さらに三年から五年の長い年月がかかる。

すなわち、バイリンガルろう教育を進めるためには、まずろう児が第一言語としての手話をしっかり獲得すること、そしてその手話を生活言語から学習言語へと発達させること、それとともに第二言語としての日本語の読み書きを何年もの時間をかけて習得する、という道筋をたどらなければならない。明晴学園では少なからぬろう児が実際にこの道を歩んでいる。

こうしてバイリンガル理論を述べると、それは音声語についての理論であり、手話についてもいえるかどうかはわからない、という疑問があるかもしれない。たしかにバイリンガル理論は英語やスペイン語のような、音声語同士についての研究をもとにしている。しかし英語とアメリカ手話のように、音声語と手話のバイリンガルについても多くの研究があり、音声語同士とおなじことが、音声語と手話のバイリンガルについてもいえることがわかっている。そうした研究をまとめて、カミンズはこう述べている。

> 相互依存仮説の主張の核心にあるのは、第一言語によって概念理解のしっかりしている生徒は、第二言語の文章読解でも十分な認知力を発揮できるということだ。多くの研究がアメリカ手話のレベルと英語の読解力は相関することを一貫してあきらかにしているが、これはまさに相互依存仮説に符合している。それはまた、アメリカ手話から英語の読解力へと概念理解が転移しているためだといえるだろう。[4]

音声語同士のあいだでも、また手話と音声語のあいだでも、バイリンガルにはおなじ言語習得パターンがみられる。こうした手話と音声語のバイリンガルの研究は多くがアメリカ、ヨーロッパで行われ、日本ではこれまでほとんど研究が行われていなかった。しかし明晴学園についてみるかぎり、バイリンガル理論の相互依存仮説、その発展形としての二言語基底共有説はそのまま、日本手話と日本語の習得についても成立している。手話を獲得したろう児は、その手話のレベルに応じて日本語も習得しているからだ。私たちは北米発祥のバイリンガル理論を取り入れ、その理論に支えられてきたが、いまや逆にその理論を支える立場に立とうとしている。[5]

手話では日本語が習得できない、手話があると日本語が入らないという言い方は、私たちからみれば現実とも学術研究とも乖離した迷信にすぎないのである。

1　Jim Cummins, *Language, Power and Pedagogy: Bilingual Children in the Crossfire*, Multilingual Matters,

2000, p.4

2　同 p.38

3　明晴学園が設立された二〇〇八年当時、手話と日本語のバイリンガル教育は「まず手話、あとで日本語」の〝継起バイリンガル方式〟を基本としていた。その後軌道修正し、幼稚部の早い段階から日本語習得を進める〝同時バイリンガル方式〟へと変わっている。これは全体として乳幼児の手話力が向上し、日本語を導入しやすくなってきたためだ。

4　Jim Cummins, The Relationship between American Sign Language Proficiency and English Academic Development: A Review of the Research, 2006
www.gallaudet.edu/documents/cummins_asl-eng.pdf

5　別府大学短期大学部教授の阿部敬信は、明晴学園の児童の言語発達について「認知的な発達を学年相当に発達させた上で、第一言語としての日本手話と第二言語としての日本語（読み書き）という二つの言葉を発達させている」と述べている。また小学部高学年の児童の手話は質的に一段レベルの高い「学習言語」に発達しているとも指摘している（「聴覚障害教育における日本手話・日本語バイリンガル教育に関する研究」明星大学博士論文、二〇一四、九〇—九一頁）。一般に第二言語の習得は学習言語レベルで進むとされているので、児童らの第一言語（手話）が学習言語レベルに達しているということは、日本語もまた学習言語レベルでの習得が進んでいる可能性をこの論文は示唆している。実際、私たちは「手話があるから日本語が入っている」と実感しており、この経験知を学術研究によってさらに裏づける作業を進めたいと考えている。

バンクーバー決議

ろう児はまず手話を獲得すべきだ、そしてそのうえで音声語を習得するべきだ、というバイリンガルろう教育の考え方は、少なくとも日本では既存のろう学校のなかからは出てこなかった。バイリンガルどころか手話そのものがろう教育の場で認められていなかったからだ。

けれど日本以外の国では流れが変わっていた。そのことを強く印象づけたのは二〇一〇年、カナダのバンクーバーで開かれた世界ろう教育者会議である。一三〇年前の一八八〇年、イタリアのミラノでろう教育は口話法を使うべきだと決議した、そのおなじろう教育者会議が、ふたたび歴史的ともいうべき以下の決議を行ったのである。

〈世界ろう教育者会議の決議　二〇一〇年〉

ここにわれわれは

・ろう教育において手話の使用を否定した世界ろう教育者会議の一八八〇年ミラノ会議におけるすべての決議を拒否し、

・ミラノ会議が有害な影響をもたらしたことを認め、これを心から遺憾とし、

・世界中のすべての国に対し、歴史を想起し、すべての言語とコミュニケーション形式を受け入れ尊重する教育を実施するよう呼びかける。

二〇一〇年七月一九日

カナダ国ブリティッシュコロンビア州における第二一回世界ろう教育者会議にて決議[1]

一三〇年前に自らが行った決議を全否定し、そのような過ちを犯したことを心から反省すると述べた「バンクーバー決議」である。世界ろう教育者会議が形のうえでは民間の一学術団体に過ぎないとしても、ここまで思い切って踏みこみ、自ら省みて路線転換を表明したのは異例ともいえることだった。ろう教育の世界には、それほどに大きな潮流の変化が起きていたのである。

その一方でこの決議は、口話教育の「多くの犠牲」に世界のろう教育者が一三〇年もの長きにわたり目を向けようとしなかった証左という見方もできるだろう。犠牲となったろう者にしてみれば、何をいまさらとしかいいようがなかったはずだ。

けれど私は決議の中身もさることながら、この決議が出された経過に、もうひとつの大きな潮流の変化をみている。それはこの決議が、世界ろう教育者会議とブリティッシュコロンビア州ろう協会の共同の名のもとに行われたということである。ろう教育を推進する側だけでなく、その対象となるろう者の立場もふまえていたというところに、この決議の真の価値があったといえるだろう。一三〇年前には完全に無視されていたろう教育の一方の当事者、ろう者が、ここでようやく正当な発言の機会を与えられたかのようであった。

1　http://muse.jhu.edu/journals/aad/summary/v155/155.3.moores.html

ことばの里親

耳の聞こえない子どもが生まれてきたとき、私たちはどうすればいいだろう。なにをどう考えればいいだろうか。

この問題の核心は、次のようなところにある。

ほとんどのろう児にとって、問題は聞こえないということではない。両親が手話を知らないことだ。
("Signs of change", *New Scientist* 27 October 1990)

イギリスの科学雑誌「ニュー・サイエンティスト」に載った手話に関する特集記事の一文である。二〇年以上も前にこの記事を読んで私は手話に関心をもつようになったのだが、数々の興味深い事実のなかでとくに印象に残っているのが、「問題は聞こえないということではない」という指摘だった。

この指摘が核心をついていると思うのは、問題を「親からみた」ときではなく、「子からみた」ときにどうみえるかを言い当てているからだ。親からみれば「聞こえない」ことが大問題ではあっても、子からみれば「親が手話を知らない」ことが問題なのだ。いいかえればそれは、生まれ落ちた子は音声語も手話も受け取ることができず、そのままではことばを身につけることができないということでもある。

問題を親の立場から見るか、子の立場から見るか。ここで、進むべき道は決定的に分かれてゆく。ひとつは、聞こえないのをなんとか治そうとする道だろう。聴力が少しでも回復すれば、聞こえる人により近づくことができる。最大限努力すれば、いずれ音声言語も獲得できるだろう。これが大多数の人の考えることだ。大多数のなかには、親だけでなく医者も専門家も含まれる。これら大多数の人びとは、やがて聞こえない子を聞こえる子のように治すことはできないという現実に直面することになる。

一方で、ごく少数の人びとは考える。

聞こえないことが問題なのではない、そのままではことばが覚えられない、そのことの方がはるかに深刻な問題だ。だから聴力にこだわるのではなく、いかにすればことばを身につけられるか、そして人間のことばの世界に入れるかを考えよう。聞こえない子が自由に使えることばはほとんどの場合、音声語ではなく手話だ。ではどうすれば確実に手話を身につけられるか、そのことを考えよう。音声言語は、そのあとで考えるべき課題だ。

聞こえることにこだわるか、それともまず手話への道を進むか。

科学的にみれば、答は明らかだ。

二〇年前もいまも、言語学者は文句なく手話への道を勧める。慶応義塾大学教授の松岡和美は「言語学者や言語発達の研究者からみたら、手話を教えないということはありえない、考えられないこと」だという。にもかかわらず二〇年前もいまも、ほとんどの親は聞こえることにこだわり、不確実な音声言語への道を選んでしまう。

それは、手話を知らないからだ。

手話を知らないために、はじめから手話という選択肢を考えることができない。あるいは手話を「不十分な言語」「劣った言語」とみて忌避してしまう。または、そうしたことについて教えてくれる人がいないか、誤った知識を刷りこまれてしまう。

かりに手話についてある程度の知識を得たとしても、それは手話ができるようになったということではない。生まれた子を手話で育てようとしても、聴者の親にはそれがむずかしい。聞こえない子を聞こえる子にしようとするのが無理であるように、聞こえない子を手話で育てようとすることもまた別の困難につきあたる。「ニュー・サイエンティスト」誌が指摘したのはこのことだった。

それは手話言語の、音声言語とは大きく異なるあり方からくる難問だ。

　親やその他の大人を通じてではなく、子供から子供へ伝承されることが多いという点で、手話は自然言語の中でも他にない特徴を持っている。（松本裕治・今井邦彦・田窪行則・橋田浩一・郡司隆男『言語の科学入門』〈岩波講座　言語の科学　1〉岩波書店、一九九七、四一頁）

音声言語はほとんどの場合、親から子へと伝承されるが、手話はそうではない。手話はろう学校を中心に、ろう児からろう児へ受けつがれてきたことばだ。[1] デフ・ファミリーのように、手話が親から子へと伝承される場合もあるが、それは全体の一割程度でしかない。大多数の耳の聞こえる親たちは、子どもを手話で育てることができない。

けれどこの「手話の壁」は、かなりの程度まで取り払うことができる。

それはろう児に、「ことばの里親」をみつけてやればいいからだ。

ことばの里親とは、聞こえない子に手話で語りかけてくれるろう者のことだ。聴者の両親が手話を知らなくても、子どもをろう者のところに連れてゆき、あるいはろう者に来てもらい、つねにろう者の手話を見せるようにする。また親もろう者から手話を習い、できるだけ使うようにする。そうすると子どもは何の苦労もなく、自然に手話を覚えてしまうのである。聴者の子が生後一歳前後で音声語の単語を発するのとおなじように、聞こえない子は手話を見ているうちに、何も教えなくても手話の単語を発するようになる。二歳までには二語文を出し、三歳までには手話という自然言語の基礎を完全にマスターしてしまう。ちょうど聞こえる子が三歳までに音声日本語の基礎を完全にマスターするのとおなじように。乳児の言語発達の過程は、適切な言語環境にあれば手話でも音声語でもみごとに一致する。それは明晴学園の乳児クラスで、毎年現実に起きていることだ。

聞こえない子にことばの里親をみつけ、里親とのコンタクトを維持するのはそれなりにたいへんな作業でもある。けれどそれは、聞こえない子に「聞きなさい、しゃべりなさい」と訓練するよりもはるかに、親にも子にも負担の少ない方法だ。そしてなによりも、言語学的に最も理にかなった方法だ。それによって子どもは手話を覚え、手話を通してこの世界を理解し、考えること、話すこと、伝え、伝えられ、表現することが自由にできるようになる。やがて手話を通して英語や日本語の読み書きも習得できるようになる。読み書きだけでなく、発音や聞き取りの力も伸ばすことができる。

それにあわせて、聴者の親も手話を学び、手話で子育てをすることが推奨される。もちろん親は子どもほどかんたんに手話を覚えることはできない。けれど子どもに教えてもらいながら、またことばの里親のろう者に助けられながら、子育てに必要なレベルの手話は十分習得することができる。これもまた、明晴学園の保護者が日々現実に経験していることだ。

一方、音声言語への道は、どうやって聴力を少しでもあげるかを考える。このため近年はとくに補聴器とともに人工内耳という方法が活用されている。

人工内耳というのは、耳の奥の蝸牛と呼ばれる組織に手術で細い電極を埋めこみ、音を電気信号に変えて直接聴神経を刺激する装置のことだ。一九九〇年代から普及が進み、いまや聴力の損失に対する唯一の医療的な対処法とされている。しかし人工内耳は、その手術をすれば「ふつうに聞こえるようになる」ということでは決してない。またすべてのろう児に手術ができるわけではなく、手術には危険や後遺症がともなうこともある。そのうえ手術すればそれで終わりというわけではなく、術後長期間にわたって専門的な訓練を受けなければならない。それでもなお、十分な音声言語を獲得できる保証はない。

つまり人工内耳をして、運がよければ子どもはかなりの聴力を得て音声語を習得できるだろう。しかしそうはならないかもしれない。どの子がそうなり、どの子がそうならないかは、あらかじめ予測できない。運がよければ問題は少ないが、運が悪かったときは、どうすればいいのか。これは「残念ながら、ことばがちゃんと身につきませんでしたね」ではすまされない、深刻な問題になりうる。ことばは、あとで勉強すれば身につくというものではなく、臨界期を過ぎてやり直そうと思っても取り返しがつかないからだ。言語習得の失敗や、不完全な言語習得は、子どもにその後生涯にわたる深刻な事態を引き起こすのである。

この問題を、もう少し考えてみよう。

1　手話が子どもから子どもに伝わるというと、幼稚なレベルのことばという誤解を招くかもしれないが、そのようなことはない。言語は、親やきょうだいの言語がコピーされて乳児の脳内に移植されるわけではない。一定の言語的インプットがあったとき、自然に乳児の脳内で「芽ばえる」ものだ。この「芽ばえ」を実現するインプットは、自然言語（自然手話）であればよく、おとなでも子どもでも等しく乳児に与えることができる。

ランゲージ誌論文の波紋

人工内耳の普及によって、多くの子どもたちが音声語の習得を進めるようになった。音をたんに物理的に増幅して伝える補聴器とちがって、人工内耳は音を電気信号に変え、その信号を直接脳の聴神経に伝えようとする。そこで信号処理を行うプロセッサー、つまりコンピュータのハードとソフトは、人工内耳が普及しはじめた一九九〇年代以降進歩しつづけ、人工内耳は多くの場合補聴器より有効とされるようになった。このためアメリカの文献をみれば、聴者だけでなく、いまや多くのろう者も人工内耳を肯定的に受け止め有用な技術として評価するまでになっている。

その一方で、社会学的にみれば人工内耳は補聴器とおなじ現象をもたらしている。すなわち、その技術体系の全体が聞こえる人びとの意識に支配され、すべてが「聴力の向上」という目標に向かうため、もっとも肝心なろう児の「言語獲得」がおろそかにされていることだ。そこで象徴的な現象としてみられるのが、人工内耳を進める人びとと、受け入れる人びとのあいだにあまねくみられる「手話の忌避」、「手話の排除」である。「聞こえる人に近づくために」行われる人工内耳は、かつての行きすぎた口話教育とおなじように、少なからぬ数の子どもたちを無言語状態、あるいは十分な言語を獲得できずにいる状態においてしまうのではないだろうか。言語獲得だけでなく、最低限のリテラシーや認知能力、社会情動的な発達までもが阻害されてしまうのではないだろうか。

これがけっして私の一方的な見方ではなく、多くの専門家が抱く危機感でもあり、また現実でもあることは、いくつもの学術論文が指摘している。そのひとつが、アメリカの『ランゲージ』誌二〇一四年六月号に掲載された論文だろう。『ランゲージ』はアメリカ言語学会の学術誌で、言語にかかわる人びとのあいだに大きな影響力をもっている。その有力誌に掲載された、総合的で啓発的な論文である。[1]「ろう児の言語獲得を保障する」という題のこの論文は、カリフォルニア大学サンディエゴ校のトム・ハンフリーズをはじめとする六人の研究者が著者となっている。言語学者をはじめ、心理学、小児医療、教育学、哲学や宗教の専門家も参加した横断的な研究グループが、ろう児の言語獲得をめぐって進めた包括的な研究をまとめたものだ。ろう児の親やろう教育関係者にとって必読であり、人工内耳にかかわる専門家もこの論考を無視することはできないだろう。

ハンフリーズらははじめに、ろう児の親は子どもをどう育てるかについて「医師や宗教家、最近ではとみにインターネットを頼りに」しているが、そうした情報源の多くはろう児の言語獲得について「十分な知識がないか、または誤った知識をもっている」と指摘している。

また人工内耳についての評価はまだ定まったとはいいがたく、「長期的な言語発達という観点からすれば、人工内耳の成功率はばらばら」だとしたうえで、このようにいっている。

生まれつきのろうか、生後数年以内にろうになった子どもたちの多数が、人工内耳では言語習得をほとんどできないかまったくできずにいるし、決定的に重要な早い時期を逃してから手話に取り組んでいる。残念なことにこれらのろう児は、音声語にしろ手話にしろ、完全に自由に使える言語をもたない危険にさらされてしまう。

人工内耳は、手術さえすればそれでよいというものではない。手術をした後、埋めこんだ機器を調整し、そこで聞こえてくる「音」を「聞く」「訓練」を重ね、音声語を習得してゆく。その長期にわたる過程を経て、最終的にどこまで音声語を習得できるかは事前に予測がつかない。人工内耳ではだめだとわかり、それから手話を習得させようとしても、すでに手遅れになっていることが多い。

現状をこのように分析したあとで、論文はろう児の言語獲得については、二つの知見が確立されていると指摘する。ひとつは、音声言語も手話言語も、等しく脳の言語機能を発達させるということだ。もうひとつは、言語の習得には乳幼児期のかぎられた時期があり、臨界期あるいは感受期と呼ばれるこの時期を逃してはならないということだ。このことを踏まえ、論文は次のような「包括的提言」を行っている。

ろうの新生児および幼くしてろうとなった子どもはすべて、人工内耳や補聴器を装着するか否かにかかわりなく、手話を学ぶべきである。

著者らは、「人工内耳の手術は、手話を伴うのでないかぎりすべきではない」とも明言している。またこうしたことを正しく理解し、親や医学生に伝えるのは「医療専門職の責務でもある」という。なぜなら「医療専門家が手話の有効性を認識していないと、子どもたちは言語遮断状態におかれる危険があり、実際しばしばそうなっている」からだ。そして「言語遮断状態」におかれたろう児は「生物学的な言語機能が損なわれる」リスクがあり、そのリスクに立ち向かうのは医療専門職の責務だからだという。

包括的提言は、人工内耳や補聴器を否定するのではなく、その活用を容認したうえで、なおかつろう児には第一言語としての手話が必要だと訴えている。これを私なりに解釈すれば、すべてのろう児に手話は必須であり、省くことはできない、そのことをわきまえたうえで人工内耳や補聴器は活用されるべきだということになる。そしてろう児は手話によって培われた言語の力をもとに、人工内耳の使い方を学んでゆけばよいということだ。

この包括的提案につづいて、ハンフリーズらは具体的な提案もしている。そこには、これからの医学教育にこうした言語学的知見を反映させること、またろう児やその親、家族が手話を学ぶのを支援することなど、「ろう児が言語をもち、人間の社会に参加する権利を保障する」ための提言が列挙されている。

言語学者からみれば当然のようだが、人工内耳を進める医療専門職、とくに「人工内耳をするなら手話はやめなさい」といっている耳鼻科医にとっては、これは余計な言いがかりと思えるかもしれない。しかしハンフリーズらのいっていることは、言語学の最新の知見に基づき、論文末尾にある二一九本の引用論文に支えられ、学術的にもしっかりとした事実認識と評価、検討によって成り立っている。引用論文のなかには、手話を使うろう児はそうでないろう児より学力が高いことを一貫して示す、二〇〇〇年から二〇〇八年にかけて行われた八つの調査研究報告が含まれている。また人工内耳をして手話も身につけた子どもは、人工内耳をしながら手話を身につけなかった子どもより標準言語テストの成績がよいという、二〇一四年の最新の報告も含まれている。

さらに、論文はもうひとつの重要な点を指摘している。それは言語の獲得は、たんにそのことばができるようになるというだけでなく、人間の認知能力の発達と不可分の関係にあるということだ。たとえば以下のような記述がある。

> 生後数年内での言語獲得に失敗すると、言語と相互密接にかかわりのある認知能力の発達が遅れ、混乱をきたしてしまう。そのような子は言語的記憶や計算、読み書き能力、高次の認知処理、高次の判断、「心の理論」といった面での問題を抱えてしまう。

これは、幼小児期に言語獲得に失敗するとその子はことばが未熟になるだけでなく、ことば以外の思考活動もひどく損傷されるということだ。そうした傾向は悪質なネグレクトや虐待など、さまざまな理由で通常の言語発達を遂げられなかった子どもたちの例から明らかになっている。それとおなじことが、成育環境はまったく異なっていても、十分な言語環境に恵まれなかったろう児には起きてしまう。

論文はくり返し、言語獲得に失敗するということ、あるいは不十分な言語しか獲得できないということは、片言のようなことばを使うだけにとどまらないといっている。言語とともに認知能力の発達が遅れ混乱するということは、人間の思考の深部にあるべき基底を奪い、とりかえしのつかない形で子どもの人格そのものを損傷することにつながる。そう考えるなら、音からことばを獲得しようというアプローチにこだわること、あるいはまた人工内耳に過剰な期待を抱き、手話を遮断してしまうことがどのような結末をもたらすのかを、私たちは深い危機感とともに捉えなければならないだろう。

そしてまた、私はこうも考えるのである。

人工内耳に対してはこれまで、とくにろう社会の一部に強い、感情的ともいえる反対の声があった。私の周囲でも人工内耳を嫌悪し、敵視するかのような風潮がなかったとはいえない[2]。けれど聴者の親がはじめて耳の聞こえない子をもち、人工内耳を唯一の救いと思うのもまた理解できない心情ではない。そうした聴者の親の心情を、はじめから否定し無視することはできないだろう。言語学や心理学の科学的な議論の正しさだけでは、親の心情に寄り添うことはできないのである。

そう考えればこの論文は、だいじょうぶ、人工内耳をしてもいいでしょう、ただし手話を学ぶことが絶対条件ですよといって、むしろ人工内耳を容認していると受け取ることもできる。あるいは、ろう者の著者であるハンフリーズらが、人工内耳をめぐって聴者に和解の手を差しのべた論文ととることもできるのではないだろうか。その意味で、この論文は大胆な提言であり、時代を切り開く力をもっていると思う。

1　Tom Humphries, et al., Ensuring language acquisition for deaf children:What linguists can do. *Language* 90(2), June 2014, Linguistic Society of America, pp. e31–e52. なお、二〇一五年にはアメリカ小児科学会の学術誌に『ろう児はみな手話を学ぶべきか』という論文が掲載され、小児科医が言語学者らとともに「ろう児は手話を学ぶべきだ」と指摘している。Mellon, Nancy, et al. Should All Children Learn Sign Language? *Pediatrics* 136(1), July 2015, pp.170–176

2　人工内耳についてアメリカのろう社会の受けとめ方は変わってきており、とくに若い世代はしだいに受けいれる傾向にある。二〇〇八年にギャローデット大学で行われた調査によれば、学生を中心としたろう者のあいだで、「人工内耳をしてもろう者のアイデンティティは保たれる」と肯定的に考えるものが七〇パーセントに達している。(John B. Christiansen, et. al., Cochlear Implants and Deaf Community Perceptions, *Cochlear Implants*, Gallaudet University Press, 2011, p.44)

人工内耳を生かす自然手話

人工内耳を進める医療関係者のあいだには、「人工内耳をするなら、手話を使ってはならない」という考え方が、ことに日本では強いようだ。それはちょうど、口話をするなら手話を使ってはならない、といっていたろう教育関係者の迷信とぴったり重なっているといえるだろう。

このため、日本では人工内耳を装用し、かつろう者の手話を習得する例はほとんど聞いたことがない。けれどさすがにアメリカではこうした迷信から脱却する動きがはじまっているようで、ここ数年は人工内耳と手話を併用するケースが増えている。

ところが、その結果について多くの研究報告はばらばらだった。人工内耳と手話の併用で言語習得が進んだという報告と、進まなかったという報告が混在していたのである。この状況を整理し、人工内耳にも手話は必要であり、そのとき手話はどのようにかかわるべきかを強く示唆したのがコネチカット大学の認知言語学者、キャスリン・デビッドソン（現イエール大学）らの研究だった。[1]

二〇一三年に出された論文で、デビッドソンらはそれまでの研究がはっきりとした結論を出せなかったのは、「手話」という概念をきちんと整理していなかったからだと指摘している。すなわち従来の研究は、子どもたちの手話が人工内耳にどのように関与したか調べようとしていながら、そのときの「手話」がどのようなものかについての考察を欠いていたのである。

人工内耳をした子どもの手話についてのこれまでの研究は、子どもが学校や地域の支援プログラムのなかで何らかの手話――英語対応手話や手指英語、手話付きスピーチなど――に接している場合の研究であり、生まれたときからろうの両親の手話、アメリカ手話のような自然手話に触れている子どもたちではなかった。

ここでいう「英語対応手話」や「手指英語」、「手話付きスピーチ」というのは、英語の一部を手の動きにした「手指音声語」のことだ。ろう者の使うアメリカ手話のような自然手話とは異なり、こうした英語対応手話や手話付きスピーチは、人工手話ともいうべきコミュニケーション体系とみなすことができる。

言語学者のデビッドソンや、共同研究者で手話と音声語のバイリンガリズムを専門とするダイアン・リロ＝マーティンらからみると、従来の研究は自然手話と人工手話をきちんと区別していなかった。手が動いていれば手話、という扱いだったのである。けれど専門家からみれば、生後六か月以内、あるいは一年以内に、「だれが、どのような手話を子どもに見せていたか」は、乳児の言語発達にきわめて重要な影響を及ぼしている。

このことをたしかめるためにデビッドソンらがとった研究手法は、デフ・ファミリーの子どもたちを調べることだった。すなわちろう者の親のもとに生まれ、出生直後からアメリカ手話に接していて、なおかつ人工内耳をした子どもたちの言語を研究することである。

結果は一目瞭然だった。ネイティブ・サイナーの子どもたちは、それまでに研究されたほかの「何らかの形の手話」、人工手話に接していた子どもたちより明らかに高度な、ときには聞こえる子をしのぐ音声英語を習得していたのである。

私たちの結論は、人工内耳を装用する以前に言語遮断状態におかれることがなかった子どもは、人工内耳をすることで、耳の聞こえる同年齢の子どもと同様の音声言語能力を発達させるということであり、また手話に接していたことが、人工内耳をしたあとの彼らの音声言語の発達をなんら阻害しないということだった。

ただし論文が断っているように、この研究が対象とした子どもは五人にすぎなかった。それはネイティブ・サイナーで、かつ人工内耳を装用している子どもの数がかぎられていたからだ。おまけにそういう幼い子を連れて、デビッドソンらの研究に協力するためにアメリカ大陸を旅行してきてくれる家族はさらに少なかった。

そしてまた、こうして研究に参加したデフ・ファミリーの親たちは、いずれも社会経済的に上位にある高学歴の親だった。そもそもろうの子に人工内耳を装用させるろうの親は、多くが高学歴である。だから彼らの子どもも「もともと頭がよかった」という傾向は排除できない。そのように批判される余地はあるが、この研究は人工内耳と手話の関係について考えるための、たしかな手がかりを与えてくれる。

私たちの研究は、生後まもなく手話に触れていれば、子どもは抽象的な言語構造になじむことができ、それが言語習得を進める可能性があることを示唆している。……人工内耳をしたネイティブ・サイナーの子どもたちの例は、モダリティにかかわらず〔聴覚をとおしてか視覚をとおしてかにかかわらず〕、抽象的な言語構造に触れていることがどれほどたいせつかを如実に示しているといえる。

デビッドソンらの研究は、手話の概念を整理することで、従来の研究が陥っていた隘路を抜け出したといえる。逆にいえば、デビッドソン以前の先行研究は、「手話ならなんでもいい」という形で、ろう児の周囲にあるのが人工手話か自然手話かを識別せず、その必要性に気づいてもいなかったということだろう。当然、その結果は混乱せざるをえなかった。

人工内耳を進める人たちもまた、手話に対してトータル・コミュニケーションとおなじ誤りを犯していたのではないだろうか。言語は言語から生みだされる。言語以外のものを使っていたのでは言語習得は進まない。あるいは危険なほどに効率が悪い。人工内耳とともに、自然言語としてのアメリカ手話が意識的に起用されてはじめて、アメリカでもろう児の音声英語習得への確実な道筋が、さまざまな制約はありながらも見えてきたということだろう。

こうした研究結果は、人工内耳をするなら手話を禁止するという医療側の慣行にどんな根拠があるのかと率直な疑問を投げかけ、一方で人工内耳にも手話は必要だというハンフリーズらの主張に科学的な裏づけを与えている。もしも医療がろう教育の一世紀にわたる壮大な失敗をくり返したくないのであれば、そして真にろう児の言語習得を願うのであれば、自然手話と正面から向きあい、これと共存する困難な道を模索しなければならないのではないだろうか。

その一方で、こうした論文は私たちにも反省すべき点があることを気づかせてくれる。それはこれまで手話に全幅の信頼をおくあまり、私たちが人工内耳の成果をかならずしも正しく認識していなかったということだ。

アメリカの研究動向に刺激され、私たちは二〇一五年春から人工内耳の専門家とさまざまな形での交流を試みるようになった。同年八月には専門家を招き、「人工内耳と手話」をテーマにシンポジウムを開いている。また医療機関に招かれ、手話についての講演もするようになった。人工内耳と手話の関係を模索する動きは、これからさらに広がるだろう。

1 Kathryn Davidson, et al., Spoken English language development among native signing children with cochlear implants, *Journal of Deaf Studies and Deaf Education*, 21, October 2013 http://jdsde.oxfordjournals.org/content/19/2/238.full.pdf + html

バイモーダル・バイリンガル

人工内耳をし、かつ手話を使う子どもたちの音声言語習得がどのうように進むかについて、かつての研究はバラバラな結果を示していた。しかしデビッドソンらはそのなかでただひとつ、コロラド州の家族支援プログラムのもとにいた子どもたちは、例外的に良好な結果を示しているという。この支援プログラムのもとで、人工内耳をした子どもたちは年齢相当に音声英語を習得し、補聴器をしている子どもたちもまた、一部に遅れはみられるものの、七歳までにはかなりの言語レベルに達していると報告されている。

コロラド州では、いったい何が起きているのだろう。

デヴィッドソンらは、コロラド州にはＣＨＩＰ（Colorado Home Intervention Program）とよばれる早期家族支援プログラムがあることを指摘している。これはろう児や難聴児が生まれた家庭に、早い時期からコーディネーターとよばれる担当者が接触し、家庭訪問によって育児や教育のカウンセリングを行ったり、聞こえや言語の専門家によるさまざまな支援を進めるしくみである。注目すべきは、このなかにろう児や家族にきちんとしたアメリカ手話を教える、専門的な訓練を受けたスタッフが組みこまれていることだ。彼らインストラクターが毎週家庭を訪問しアメリカ手話を伝えることで、ろう児は生後間もない時期から「抽象的な言語構造になじむ」ことができるようになっている。

「コロラドの成果」は、こうしたしくみによって生みだされたものだった。

その立役者となったのが、コロラド大学認知科学研究所教授のクリスティン・ヨシナガ゠イタノである。

聴覚と言語の専門家であるヨシナガ゠イタノは、新生児聴覚スクリーニングという制度の基礎を作ったことで知られている。新生児聴覚スクリーニングというのは、生まれたばかりの乳児の聴覚を検査するしくみで、コロラド州では一九九二年にはじまった。この検査法によって、ろう児は出生直後から耳が聞こえないことがわかるようになり、いまではアメリカの全五〇州で九七パーセントの新生児がこの検査を受けるようになった。

新生児スクリーニングがはじまる以前のアメリカでは、幼児は平均して生後二歳から二歳半でろうや難聴と診断されている。それが出生直後二か月にまで短縮され、しかも診断から二か月以内に支援プログラムがはじまるようになった。つまりろうや難聴の子が生まれた時、平均して生後四か月には家族への支援プログラムがはじまるようになったのである。このことの意味は大きい。乳幼児の言語習得にとって、生後まもなくの時期は決定的に重要で、この時期に有効な対策が取られるかどうかは、その後の子どもの発達に生涯にわたる影響を及ぼすからだ。

ヨシナガ゠イタノが高く評価されるのは、聴覚スクリーニングを進めるだけでなく、スクリーニングで「聞こえない」と診断された新生児とその家族に対する、包括的な支援プログラムを進めたことだ。医学はろう児を診断し発見するだけではなく、発見した後はどうするのか、その後の方向を親や家族にきちんと説明し、対策を示さなければならない。ところがしごくあたりまえのこのステップは、どこでもほとんど実現されていなかった。多くの医療関係者が、乳幼児の言語発達について不十分な、あるいは誤った知識をもち、「最新の言語学と心理学の科学的な知見」を生かそうとしなかったからだ。

科学的で包括的な支援体制を進めるために、ヨシナガ＝イタノは研究を進め、専門家集団を組織し、行政に働きかけてコロラド州の早期家族支援プログラムをつくりあげてきた。二〇一三年に策定された支援プログラムのガイドラインは、ろう児や難聴児、その家族に、早期に適切な形で専門家グループが連携しながら支援を進めることを唱っている。このなかで、たとえば家族と専門家グループのあいだで調整にあたるコーディネーターは「特別な知識と経験をもっていること」と次のように規定されている。

コーディネーターは……ろう・難聴の乳幼児の教育の進め方と家族のあり方について、両親のカウンセリングについて、手話と音声語の発達について、聴覚と音声、認知能力、社会情動的な発達についての知識と経験をもっていなければならない。[1]

つまりコーディネーターは、ろうや難聴の子どもを育てるのに必要な情報はもとより、「手話と音声語の発達」についての情報も提供できなければならない。子どもを手話だけで育てた場合、音声語だけで育てた場合、また両方を使って育てた場合、どのような経過が予想されるかを説明できるよう、訓練されていなければならないのである。ガイドラインは手話と音声語のどちらがいいかは述べていないが、言語習得にあたって第一の選択肢としてASL、アメリカ手話をあげている。そして「ネイティブであるか、または流暢なレベルのアメリカ手話を使い、かつ両親や家族、幼児にそれを教えるための訓練を受けている」ろうまたは聴のスタッフが、アメリカ手話を提供できるようにすることと、目標を明確に定めている。

ASLを学ぼうとするろう・難聴の子がいる家族は、しっかりした言語モデルへのアクセスがなければならない。……新生児が視覚言語の文法的基盤を確立するためには、確実で流暢な言語モデルの提示が決定的に重要である。

確実で流暢なASLの言語モデルに接した子は、そうでなかった子にくらべて、早くから英語の力も発達する。ここでガイドラインは、自然言語であるアメリカ手話について多くを記述する一方、人工手話やキュード・スピーチは「完全な言語ではない」として使用を勧めてはいない。

ろう児、難聴児の言語習得には手話が重要な基盤となる。その手話は人工手話ではなく、ネイティブまたはネイティブなみの、きちんとした自然手話、アメリカ手話がモデルとなる。これが、ヨシナガ＝イタノの主導する支援プログラムの主柱をなしている。

人工内耳を移植するまでの幼児が、視覚というモダリティの言語、すなわち手話をもとに、聴覚というモダリティの言語、音声英語を獲得する過程について多くの症例を継続的に観察してきたヨシナガ＝イタノはこういっている。

……子どもたちは、象徴化する知識と手話の語彙を使って、急速に発声的（単語にはなっていない音の発生の）知識を音素的（単語か、単語に近い音の出し方の）知識へと組織化し、つづいて音声言語へと結びつけているようだ。移植からおおむね一四か月後に、この子たちは理解可能な発音をするだけでなく、五〇〇語を超える音声語の語彙を使うようになった。急速な音声言語の発達は、生後一年ないし二年のあいだに、モダリティにかかわらず言語に接していることが、異なった言語モダリティの力を築くための基盤になることを示唆している。[2]

デビッドソンやヨシナガ＝イタノの研究から浮かびあがるのは、ろう児が手話を基盤として、音声語をこれまでにない高いレベルで習得するようになる「バイモーダル・バイリンガル」とよばれる言語習得、使用への流れだろう。バイモーダル・バイリンガルという概念について、ギャローデット大学准教授のレイリーン・パルドネヴィシアンらはこういっている。

……私たちはバイモーダル・バイリンガルを、音声語を耳で聞き声で答える形で使い、また手話も使う人びとと記述する。これは聴者でも手話を使う人を含むし、またろう者で手話を使い、かつ人工内耳で音声語だけのコミュニケーションができる人までも含む幅の広い定義だが、ここでいうバイモーダル・バイリンガルは、聞こえの状態ではなく言語の様式によって規定される。[3]

ここ数年使われるようになってきたバイモーダル・バイリンガルは、手話を使いながら、その一方で人工内耳による相当な聴力も身につけた新世代のろう児をさすことが多い。

人工内耳をした人びとにとって、手話やろう学校、ろうコミュニティの役割は変わりつつある。しかしバイモーダル・バイリンガルの聴覚野の機能の研究によって、すべてのろう児は聞こえの状態にかかわらず、手話の恩恵に浴していると考えられるようになった。[4]

人工内耳と手話がどのように関連するかについて、脳の神経学的な研究はまだわからないことが多い。しかしこれまでの研究をみるかぎり、また経験的な事実に照らしてみても、手話が人工内耳の障害になっているとは考えられない。また乳児期からの手話の獲得が、その後の音声語習得を妨げているという証拠もない。むしろ多くの研究が示唆するのは、ろう児の聴力がどのようなものであっても、ろう児は「手話の恩恵」に浴することができるということだと、パルドネヴィシアンらは考えるようになった。

人工内耳がもたらす新しい時代は、結局のところろう児も聴児とおなじようになるのではないかという思いを、聴者社会は抱くかもしれない。けれどろう者はそこに別の風景を見ている。たしかに人工内耳は便利だが、その便利さは手話という言語のゆるぎない力によって、はじめて生みだされるものなのだと。

何世代もつづく生粋のデフ・ファミリーのメンバーで、ギャローデット大学の教員でもあるジュリー・ミッチナーは、デフ・ファミリーのろう児の人工内耳を研究してきた。そこで自分の子に人工内耳をしたろう者の母親たちのインタビューを紹介している。

母親たちは、自分の子が人工内耳をして音声語が劇的に変わったことに気づいている。彼女たちは、子どもが急速に音声言語を習得できたのは、すでに第一言語のしっかりとした言語基盤ができていたからで、そのうえに第二言語を習得したからだと強く信じている。[5]

デフ・ファミリーに生まれ、人工内耳をした子は、みな生まれたときからアメリカ手話に接している。人工内耳の成功は手話の力がもたらしたものだったというろう者の親たちは、言語の科学からみても理にかなった捉え方をしているといえるだろう。

人工内耳に対して、九〇年代までのアメリカろう社会には強い反発があったが、新しい世代はむしろこれを受け入れようとしている。しっかりしたアメリカ手話があれば、人工内耳は活用できるという理解も進んできた。一方で人工内耳の限界もあきらかになっている。人工内耳をしてもろう者が聴者になるわけではない。アメリカ手話のネイティブからみれば、人工内耳をとおして獲得される音声言語は多くの場合、アメリカ手話のたしかさ、速さ、強さとゆたかさには及ばない。けれどそれでも人工内耳でろう児、ろう者の選択肢は確実に広がるだろう。「自然手話＋人工内耳」のバイモーダル・バイリンガルは、これからの時代の主流になってゆく。そのような捉え方が、いまだ一部とはいえアメリカのろう社会には芽ばえている。

けれど聴者には、このような風景が見えないかもしれない。

アメリカでも日本でも、大部分の聴者は手話を省き、耳だけで、あるいは聴神経だけで、子どもに音声語を獲得させようとする。聞こえない子、聞こえにくい子に、聞くことだけで言語を身につけさせようとする。それがつづくならば、人工内耳がさらに進歩し普及しても、そこにはかならず音の世界に入りきれず、人間のことばの世界に入れないまま取り残される子どもたちが出てくるだろう。あるいは人工内耳を使いながらも、けっして十分とはいえない言語発達にとどまる子どもたちが出てくるだろう。

聞こえる人たちに必要なのは、手話という言語をそのほんとうの姿で見いだし、使いこなしていくことではないだろうか。手話は、ろう者も聴者も差別しない自然言語なのだから。

1　Christine Yoshinaga-Itano, Principles and Guidelines for Early Intervention After Confirmation That a Child Is Deaf or Hard of Hearing, *Journal of Deaf Studies and Deaf Education*, (2014) 19(2), pp.143–175. http://jdsde.oxfordjournals.org/content/19/2/143.full.pdf+html

2　Christine Yoshinaga-Itano, Early Identification, Communication Modality, and the Development of Speech and Spoken Language Skills: Patterns and Considerations, *Advances in the Spoken Language Development of Deaf and Hard-of-Hearing Children*, Oxford University Press, 2006, pp.298–327

3　Raylene Paludneviciene, et al., Impact of Cochlear Implants on the Deaf Community, *Cochlear Implants*, Gallaudet University Press, 2011, p.13

4　同 p.14

5　Julie Cantrell Mitchiner et al., My Child Can Have More Choices, *Cochlear Implants*, Gallaudet University Press, 2011, p.84

三　ろう者の手話と聴者の手話

八潮「たんけん」

ここで私たちはふたたび、明晴学園の教室にもどろう。

日本唯一のバイリンガルろう教育の現場で、手話はどのように使われているのかをたしかめるためだ。ここに再現するのは、二〇一四年四月の小学部三、四年生の社会科の時間である。先生とクラスの一六人の子どもたちの会話は、すべて二台のビデオカメラで撮影し、ネイティブ・サイナーの読み取りで日本語に翻訳したものだ。

子どもたちはこの授業が行われる前の日までに、学校がある地元の町、東京都品川区八潮地域の「たんけん」を終えていた。いくつかのグループに分かれ、メモ用紙とカメラをもって歩きまわり、八潮地域にはどこに何があるかを記録してきたのである。

さて、そこでどんなことを発見しましたか？　ろう者で、三、四年生クラスの担任教諭でもある小野広祐が子どもの顔を見まわすと、さっそくひとりが手をあげた。

「北コースは自動車がたくさん走っていたけど、南コースでは自動車をあまり見なかった」

うん、そうだったねと先生が応じる。

「北コースは会社や工場、大きな川があって、走っている自動車もたくさん見ました。じゃあ南コースでよく見たものは何でしたか？」

はい、はい、と手があがり、子どもたちがそれぞれに「幼稚園があった」「家がたくさんあった」「団地の建物が並んでいた」などと答える。

団地の建物ね、ではこの八潮団地にはいくつ建物があるでしょう。先生が聞くと、ただちに子どもたちが答える。

「六九」

探検の途中で習ったことを覚えていたようだ。ホワイトボードに先生が「団地はぜんぶで六九棟」と書き、漢字にふりがなをつける。そこで別の手があがる。

「質問ですけど、一号棟が古くて六九号棟が新しいんですか？」

「ひとつずつ建てたのじゃなくて、最初から六九棟建てる計画があったんですね。だからみんなおなじころに建てました。他には？」

「ふつう公園はみんなのものでしょ？　なのに、団地だけの公園があって驚いた」

そこでまた「団地用の公園がある」と板書する。では団地の公園、八潮公園は誰が管理しているんでしょう？

「みんな？」

「八潮？」

子どもたちは、首をかしげながら答える。

「八潮……ではありません」

先生は、ちょっと気をもたせてから否定する。

「東京」

「東京都？　ちがいます」

これはむずかしいかなと、先生が答をいう。

「品川区です」

それでもなお、自分の答をいいたい子が手をあげる。

「会社」

「会社はちがいますね。八潮公園を管理しているのは品川区です。例えば公園の遊具が壊れたら品川区が直します。では、京浜運河の横の公園を管理しているのは誰でしょう」

「品川区？」

「大田区？」

「東京都？」

京浜運河は品川区と大田区にまたがっているので、両方の名前が出てくる。でもその両方を含めた東京都かもしれない。さっきはただ「東京」といっていた子が、こんどはちゃんと「東京都」といっている。

正解の子を指さして先生がいう。

「そう、東京都です。たとえば倒れている木を見たら品川区でなく東京都に連絡します。すると東京都が直しにくるんですね」

「たんけん隊」の発見したことが次々に書かれ、ホワイトボードがびっしり文字で埋まったところで、別の子が質問に立った。

「地域センターや児童センター、それに図書館はなぜ無料で使えるんですか？」

おお、いい質問ですねといいながら、先生が逆に問いかける。

「みんな地域センターや図書館に行くとき、お金を払ってる？　無料だよね」

それはなぜでしょう。すると、すかさず横槍が入る。

「地域センターの会議室は、お金払うよ」

「うん、会議室はお金を払う。でもほとんどは無料で使える。どうして無料で使えるんだろう？」

子どもたちは、はてなという顔をしている。先生は問い方を変えてみる。

「図書館には本がたくさん並んでいるけど、あの本は誰が買っているんだろう？」

そこでひとりが手をあげた。

「図書館のカードがあって、あれを使えば無料で借りられる」

ちょっと答の方向がちがう。本を借りるのは無料だが、質問はその本をだれが買っているのかだ。

「たとえば図書館で働いている人の給料はどうなのかな。給料をもらっていると思う？　そのお金は誰が払ってるんだろう？」

別の子が、はいと立ちあがる。

「カードで払っているんじゃない？」

カード、というときの手話が図書館カードとはちがっている。そのわずかのちがいを先生は見逃さない。

「えっ？　クレジットカード？　みんなの図書館利用カードはクレジットカードなの？」

冗談っぽく聞きなおすと、ちがう、ちがーう、と子どもたちが一斉に笑う。そこでまた別の子が手をあげる。

「図書館は無料で、その代わりに紙に名前と学年を書くの。それで……」

考えながら話している横で、別の子どもが知ってる、知ってると、しゃべりだす。

「仕切りのあるとこで名前書いてさ、バーコード、ピッてやって……」

図書の貸し出し手順を、勝手にとなりの子と話し合っている。手ぶりが大きくなったところで、これこれ静かにしなさいと先生が注意する。

いいかけていた子が、つづけていう。

「児童センターは特別無料で、みなさんどうぞ使ってください、っていうとこなんじゃないの？」

図書館が急に児童センターに変わっている。図書館のある建物は、一階に児童センターがあるからだ。

先生も話をあわせて聞き返す。

「児童センターはお金を払う？　払わないよね。じゃ電気代とかはどこから出てるんだろう？」

電気代じゃないよ、給料の話してるんでしょ、と文句をいう子がいる。横で、手があがる。

「図書館カードにバーコードがついてるでしょ。そこから払っているような気がするな」

図書館はなぜ無料なのか。この疑問からはじまったやり取りで、子どもたちはどこかでお金が動いているようだけれど、どんなしくみで動いているのかの見当がつかない。

そこで、いやカードなんかじゃないんだ、とさっきから威勢よく手をあげている子がいう。

「図書館は東京都が作ったものでしょ。だから無料なんじゃないの？」

「東京都が負担してるってこと？」

「東京都が作ったんだから、電気代とか負担してるんじゃないかな」

「なるほど」

実際には図書館は品川区が作ったものだ。しかし給料や電気代などは図書館の設置者が払っているんじゃないか、というこの子の目の付けどころはいい。

だいぶいい線に近づいてきたところで、小野先生がいう。

「さっきはとてもいい質問をありがとう。なぜ無料で使えるか、それをこれから勉強しましょう」

そして税金というしくみについての勉強がはじまる。このあとは先生の説明が中心になるので省略しよう。

これを見ると、小学部三、四年生の社会科もまた、一、二年生の朝の会とおなじように、どこの小学校でもくり広げられる、とりたててどうということもないありふれた授業のひとコマだとわかるだろう。

この「ありふれた」というところに、私たちは千金の価値をおいている。なぜならそれは耳の聞こえる子が通う一般校の授業と、何も変わらないということだからだ。

聞こえる子が受ける授業とおなじ自然なやり取りは、いうまでもなく先生も児童もともに手話という共通の言語を使うことで成り立っている。お互いに、息をするように自由自在に手話を使っているから、子どもたちのまちがいや思いつきもみえるし、ちゃんと考えているかそうでないか、授業の理解度、気づきやカン違いや私語にいたるまでもがはっきりとみえてくる。担任の小野は、子どもたちがいいかけてやめたこと、飛び飛びで脈絡のない話も、その裏側までが手に取るようにわかる。それはおたがいに手話が母語、すなわち第一言語だからだ。

たとえば図書館カードの話が出てきたところで、急にクレジットカードの話になる場面がある。手話ではほんのわずかな手の形のちがいだが、いっている子は自信がないので手の形があやふやだ。あやふやなところに、その子の真意が表れている。図書館カードで本を借りるのはただだけど、図書館の職員の給料はたぶんそれとは関係なくて、なんかあの磁気ストライプを通す仕組みで払ってるんじゃないの、という思いつきがチラリとのぞいている。先生はリアルタイムでそれを見分けていた。見分けただけではなく、おいおいほんとか、それはちがうんじゃないか、というニュアンスを込め、即座に冗談っぽく、図書館カードってクレジットカードなのかと問い返している。相手の頭のなかを読んでのやり取り、これはもう第一言語同士でなければできないことだ。

といってもそれはまったく特別なことではない。日本語を第一言語とする聴者同士の話も、つねにそうした形で進んでいる。相手の頭のなかを読みあいながら、即座にその先を回り、あるいは気を回してしゃべりつづけている。そして相手のいうことに合わせ、自分のいうことを微調整し、微修正しつつしゃべる。第一言語同士の会話はそうして進むのが、自然で当然のことだ。

先生と子どもがおなじ言語を使うということ。そして先生にとっても子どもにとっても、それが第一言語であるということ。これが「ありふれた」授業を可能にする必須条件だ。逆にいえば、先生と子どもの言語がちがえばそれは不可能だし、第一言語でないとき、授業は「ありふれた」ものではなくなってしまう。おたがいの言語がかみ合わなければ、先生と子どもはコミュニケーションをとるのもむずかしくなる。

この授業のビデオを手話通訳に見てもらったが、かなり高度なレベルの手話通訳もここまで読み取ることはできなかった。かろうじて「クレジットカード」が読み取れた通訳者も、その子が頭のなかでなにを考えているかまではわからない。何度も映像を再現し、時間をかけてようやく推測できるレベルだ。明晴学園の聴者の先生は、おおむね最高の手話通訳の技量をもっているけれど、やはりそこまで深く子どもの手話を読むことはむずかしい。手話通訳にとっても聴者の先生にとっても、手話は第一言語ではないからだ。

短いやり取りのなかにも、手話通訳の歯の立たないところが何か所もある。たとえばそれは子どもたちが私語をかわし、図書館の貸し出し手続きをおもしろがってしゃべっているシーンだ。ここを聴者はだれも読み取ることができなかった。なぜなら子どもが手話をまちがえていたからだ。図書の貸し出しコーナーの「仕切り」という手話の、専門的にいえばＣＬ（類別辞、Classifier）という手の形、動かし方がちがっていたのである。「仕切り」というべきところを「きしり」といったようなもの、といえばいいだろうか。ろう者の小野はそうしたまちがいをふくめ、子どものいおうとしていることを問題なく読み取っている。第一言語話者の余裕というものだろう。

つけ加えるならば、ＣＬをまちがったのは他のろう学校から転入してきた子だった。明晴学園にきてかなり安定した手話を使うようになったとはいえ、ときどき以前のろう学校の不十分な手話環境の痕跡があらわれる。こうした問題は、十分な手話の環境にいなかった子どもたちに、程度の差はあれ共通してみられる現象だ。ろう者の先生たちはそのような現象まで頭に入れながら、子どもの手話を読み取っている。

手話付きスピーチ

日本のろう学校の教室で、小野のような授業が行われるさまを目撃した人は、これまでひとりもいなかっただろう。手話を第一言語として使う先生が、おなじく手話を第一言語とする子どもたちと教室のなかで顔を合わせて授業を進める、そのような場面は日本のろう学校にはなかったからだ。このありふれた授業は、しかしいまなおほかのろう学校の日常風景になっているわけではない。

日本のろう学校で、日本手話を第一言語とする教員がどれくらいいるかは、統計がないので正確にはわからない。しかし私たちの知るかぎりきわめて稀で、率にすれば数パーセントもいないはずだ。一方日本手話を第一言語とする子どもも、事実上デフ・ファミリーの子にかぎられるから、全体の一割から、多く見積もっても二割程度だろう。そしてまた、デフ・ファミリーの子が第一言語としての日本手話を確実に獲得しているわけではない。

そのような状況なので、少なくとも明晴学園が開校されるまでは、先生と子どものコミュニケーションが完全に取れている授業はなかったといってもいいだろう。全国のろう学校の先生たちが毎年集まって開く「全日本聾教育研究大会」の記録をみても、現場の先生たちがろう児とのコミュニケーションにいかに苦労しているか、いかに困難を抱えているかが読みとれる。ろう教育はろう児の言語習得を至上の課題としているが、言語習得どころか、その前提となるコミュニケーションがつねに最大の課題になっている。

その一方、日本のろう学校にはこの十年で、ずいぶん手話を使うようになったともいわれている。国立特別支援教育総合研究所（特総研）の調査によれば、二〇〇七年の時点で日本のろう学校の教室内コミュニケーションの九割は「聴覚口話」と「手話付きスピーチ」を使っているという（「聾学校におけるコミュニケーション手段に関する研究」国立特別支援教育総合研究所、二〇〇八）。これは教室内でどのようなコミュニケーション手段を使っているかを複数回答で求めているので、「聴覚口話」も「手話付きスピーチ」も、ともに九割ということだ。ある意味では驚くべき数字である。

つまり「手話」を、「スピーチ付き」であっても使っているという回答が九割にも達しているということだ。このような数字をみれば、私が日本のろう学校は「手話を禁止してきた、いまでも教育の場で使うには不十分で不適切なレベルの手話」しか使っていないと述べたのは、ウソではないかと思われてしまう。けれど私はウソをついているつもりはない。どういうことだろうか。

問題は、「手話付きスピーチ」にある。

手話付きスピーチというのは、先生が声でしゃべる、その日本語の一部を手話の単語にして手を動かす「手話」のことだ。つまり「声でしゃべりながら手を動かす」コミュニケーション手段である。このようなタイプの手話は、日本語に従って手を動かしているという意味で「日本語対応手話」、あるいはそれを略して「対応手話」などと呼ばれている。「手指日本語」や英語の表記（Simultaneous Communication）を略してシムコムと呼ばれることもある。特総研が手話付きスピーチといっているのは、アメリカの同様の調査と対比させるための用語のすり合わせで、ここでは日本語対応手話のことと解釈していいだろう。

やや単純な言い方を承知でいえば、手話付きスピーチ、あるいは日本語対応手話は聴者の手話であり、本来のろう者の手話ではない。さらに肝心な点は、これは「音声は日本語、手の動きは手話の単語だけ」なので、ろう者からみれば文法構造を備えた手話ではないということだ。

日本のろう学校の九割が手話付きスピーチを使っているといっても、それはろう者からみれば手話ではないのである。

一方特総研の調査は、教室内でろう者の手話、日本手話を使うという回答が二割近くあったともいう。これも実感からはかけはなれた数字だ。私たちがほかのろう学校の授業を見学し、また他校の先生が私たちの授業を見学して情報交換をしたかぎりでも、二割という数字はありえない。ではなぜそのような数字が出てきたのか。おそらくそれは「スピーチなしの手話」、つまり声を使わず手だけ動かしている手話を、日本手話と混同しているからだろう。少なくとも、この調査でろう学校の先生が「日本手話を使う」と答えているのは自己申告で、客観的な基準に照らして確認されたことではない。

もちろん、ろう児の授業にきちんとした日本手話を取り入れ、着々と成果をあげている少数の先生が公立ろう学校にもいることはたしかで、そうした動きは少しずつではあっても広がっている。けれどそれはほんのひとにぎりにすぎない。ろう学校で、ろう者がわかる手話はほとんど使われていないのである。

この私たちの実感、あるいは経験的な事実と、こうした調査のいちじるしい乖離はどこから来るのだろうか。

それは、手話という言語をめぐる聴者の視線とろう者の視線が、みごとにすれちがっているからだろう。聴者はこれが手話だと思っている手話が、ろう者からみれば手話ではない。一方ろう者の手話は、聴者からみればいまだに単純なコミュニケーション手段程度にしかみえない。

手話という言語が、しだいにその姿を現すにしたがって、ろう教育は口話からトータル・コミュニケーション、そしてバイリンガルへと多様化してきたことはすでに指摘した。では二一世紀初頭のいま、手話はその姿を完全に現したといえるのだろうか。とてもそうとは思えない。いまだに多くの人びとの目に、ことにろう教育関係者のほとんどの目に、手話は見えない言語なのだ。九割が手話を使っているという特総研の調査は、そこでいう手話とはいったい何なのかという疑念を深めることにもなっている。

実際、調査報告にはこのような記述がある。

多くの聾学校やその教師はその時々の判断や自分自身が知る手話語彙の範囲で、日本語とともに手話を使用している。すなわち〝日本語への対応が不十分な手話〟が「日本語対応手話」の概念のもとで用いられている状況が少なからずある。……実際的な手話概念の整理は聾学校の今後の大きな課題と言える。[1]

手話概念の整理とは、要するにそこで使っている手話はどんな手話なのか、もう少し究めなければならないということだ。これを私なりに言い換えるなら、ろう学校はいまだに「ろう者の手話」が何であるかを知らず、聴者の手話を「手話とは、もともとこんなもの」と思って間に合わせに使っているだけではないのか、ということになる。

手話概念の整理は、既存のろう学校に求められる以上に、バイリンガル教育を進める私たちにとっても必須の課題である。なぜならそこをまちがえると、バイリンガル教育自体が成立しないからだ。

ろう者の手話といい、聴者の手話というが、そのちがいは何なのか。前者を日本手話といい、後者を日本語対応手話、対応手話、あるいは手指日本語などというけれど、その実態は何なのか。多くの場でみられる手話概念の混乱は、「日本手話」という概念が唱えられるようになった一九八〇年代末にはじまっている。[2]言語学の主張をもとにろう者のあいだに広がった、ろう者の手話、日本手話は「言語」なのだという明快な主張が、青天の霹靂のようにその後の手話とは何かをめぐる議論を紛糾させ、今日にいたる混乱を引き起こすことになったのである。

1　小田侯朗「聾学校での指導と手話の活用を考える」『聾学校におけるコミュニケーション手段に関す

る研究―手話を用いた指導法と教材の検討を中心に―』独立行政法人国立特別支援教育総合研究所、二〇〇八、六―七頁。

2　立命館大学生存学研究センター研究員のクァク・ジョンナンによれば、「日本手話」という名前は神田和幸が『ことばと人間――新しい言語学への試み』（伊藤克敏・牧内勝編著、三省堂、一九八六、四二七頁「手話入門」）のなかで使ったのが最初ではないかという。ただしこれは「外国手話」や「アメリカ手話」との対比で使われていて、日本語対応手話との対比で使われていたわけではない。神田は一九九〇年一月の日本聴力障害新聞のコラムでは日本語対応手話との対比で日本手話ということばを使っており、日本のろうコミュニティにさまざまな議論を引き起こしている。

日本手話の発見

日本ではじめて、ろう者がろう者の手話、日本手話を「発見」したのは一九九一年のことではないだろうか。

この年、ろう者でネイティブ・サイナーの木村晴美は、東京で開かれた第一一回世界ろう者会議に参加していた。国立障害者リハビリテーションセンター学院教官として、手話通訳の養成にあたっている木村は、偶然立ち寄った分科会で見たひとりの手話通訳の手話に「衝撃」を受けたという。それはほかのどの会場の通訳ともちがっていた。

わかるのである。

日本語を翻訳した手話が、自然に、「ダイレクトに頭にすんなり」入ってくる。こんな手話通訳をそれまで見たことがなかった。いったい誰なのだろうと思って聞くと、一緒にいたスタッフが、あれは仙台の半澤啓子という人だと教えてくれた。

それまで私が見てきた手話通訳者は……そのままではメッセージが頭に入らないので、頭の中でいったん、日本語の文章に組み立てるという再構築が必要だった。それなのに、半澤さんの通訳だとそういう再構築は不要で、メッセージがそのまま頭に入り、しかも心地よい。疲れない。私は、その分科会にいる間、半澤さんの、華麗でいて、よくわかる通訳に目を奪われていた。（木村晴美『日本手話とろう文化——ろう者はストレンジャー』生活書院、二〇〇七、五四—五五頁）

いまでは名通訳者として知られる半澤自身は、じつはその当時自分の手話にまったく自信がなかった。自分は「東京の一流の通訳」にはとてもおよばない、「田舎の手話」を使っていると思いこんでいたからだ。両親がろう者だったので、生まれたときから手話を使ってきたが、その手話は手話通訳業界の大御所が「みっともない」と注意するほど、「オーバーなしぐさ、身ぶり」を伴う「田舎のろう者の手話」だった。

この「田舎のろう者の手話」こそが、日本手話と呼ばれる手話だった。そして「東京の一流の通訳」が使う、きれいで整った手話は、日本語対応手話と呼ばれる、ろう者が本来使っているのではない「手話」だったのである。

ろう者の手話として今日使われている日本手話は、一九世紀後半に日本のろう者のあいだで自然に生まれ、使われるようになったとされ、日本語や英語とおなじような複雑さとゆたかさをもつ自然言語である。けれどもその複雑さとゆたかさは、そのころの手話通訳の目には、大げさでみっともないしぐさとしか映らなかった。

一九九一年というのは、ろう学校で手話が「手まね猿まね」とさげすまれ、動物のことば、いや、ことば以前の「身ぶり」として退けられ、禁止されていたころである。ろうの子どもたちは学校でこっそり手話を使いながら罪悪感を覚え、おとなのろう者が使う手話をはずかしいと思い、ろう者同士がバスのなかで無理に口話で話しあう、というようなことがあたりまえの風景だったころだ。

一方、いまでいう日本語対応手話は、一九六〇年代から使われるようになってきたコミュニケーション手段である。はじめは日本語対応手話という名前もなく、日本手話とともに混然一体となって、ただ「手話」といわれていた。

日本語対応手話は、もともと手話サークルなどで聴者がろう者と話をするために作りだされたので、日本語を声に出してしゃべりながら、しゃべっている日本語に合わせてその一部を手話の単語に置き換えてゆく[1]。聴者には覚えやすく、楽な方法だ。一見手話のようにみえるけれど、本質は日本語である。いやもっと正確にいえば、日本語の一部を手で表現したものだ。それを見ている聴者は、声を聞いて中身を理解できるが、ろう者の場合、声は聞こえないのでわからない。手が動いているといっても、手話の単語がポツリポツリと並んでいるだけで、単語と単語の関係を規定する文法的な動きがない。だから、ろう者はその手の動きをつねにつなぎあわせ、推測して解読しなければならない。必然的にあいまいで不確かなコミュニケーションになるので、ろう者は日本語対応手話を見ていると疲れるしイライラする、とても複雑な会話はできないという。

それはちょうど、日本語が不確かな外国人と会話しているようなものだろう。いっていることがよくわからない。しょっちゅう聞き直さなければならず、それでもよく意味がわからない。わからないけれど、わからないとはいえないので、結局あいまいに笑っているしかない。そんな事態を想定すれば、日本語対応手話に接しているろう者の事情が推測できるだろう。

最近の日本語対応手話は、声を出さずに手だけ動かすこともあるので、一見まぎらわしい。あたかもろう者の手話のようだが、ろう者が見ればあいかわらずわかりにくくてあいまいな「聞こえる人の手話」である。むしろ声がつかない分、聴者にもわかりにくい「手話」になっている。

一九九〇年代は、この日本語対応手話こそが「正しい」手話だと思われていた。日本語にそっくりな分、ろう者の手話である日本手話より社会的に上位にあり、「頭のよい人が使う」ことばとされていたのである。社会言語学でいう「ダイグロシア」[2]によく似た言語使用状況だったといえるだろう。

ネイティブ・サイナーの木村も、当時は対応手話を正しい手話と思わされていた。だからノン・ネイティブの手話通訳や手話サークルの指導者に、よく自分の手話を直されたという。「それでいいです」というときの指の形を〝みっともない〟といわれ、「かんたん」という手話の人さし指の位置が〝まちがっている〟と直されたこともある。手話教室の聴者の講師のひとりは、「ろう者の手話は汚い」といってはばからなかった。

それはちょうど、英語を勉強中の日本人がアメリカ人に向かって、あなたの英語の発音は〝みっともない〟とか〝まちがっている〟といって直させるのとおなじことなのだが、そのころの木村は言語学の初歩的な知識もなく、「何か違和感を覚え」ながらそうした指導に従うしかなかった。いまになって思い返すと、聴者に自分の手話を直されたのは、ろう学校時代に口話の発音を直されるよりも「くやしい」ことだったという。

転機となったのが、世界ろう者会議だった。そこで目にした半澤の手話は、公の場で目にするはじめての日本手話だった。わかることば、翻訳や推測なしで「ダイレクトに頭にすんなり」入ることば、それこそが自分たちの言語、ろう者の手話だった。それに引きかえ、いままで自分が見てきたものはいったい何だったのだろう。わからない、表面的にはきれいだけれど伝わらない、言語以前のコミュニケーション手段ではないか。あれはろう者の手話ではない。そのような木村たちの思いが、日本手話を自らの言語として見直し、自分は日本手話を使うろう者という存在なのだという自覚につながっていった。きちんとした文法がないといわれ、抽象的な思考はできないといわれ、汚い、みっともないといわれてきた自分たちのことばは、れっきとした言語だった。聴者にはそれが見えなかっただけの話だったのである。ろう者自身がそう気づいたとき、ろう者はあらためて自分たちの手話に「日本手話」という名前を与えたのだった。

日本手話の「発見」者となった木村は、世界ろう者会議のあと、仲間とグループを結成し、自分たちと自分たちの言語についての考察を深めていった。アメリカで先進のろう者の動向を学び、日本手話とろう文化をテーマにしたミニコミ紙を発刊し、イベントを開いてろう者のエンパワーメントを進めていった。

そして世界ろう者会議から四年後の一九九五年、聴者の市田泰弘とともに「ろう文化宣言」を発表する。多くの日本のろう者のあり方を根底から変えたこの宣言は、冒頭でこういっている。

「ろう者とは、日本手話という、日本語とは異なる言語を話す、言語的少数者である」（『現代思想』一九九五年三月号、三五四頁）

これはろう者を「耳の聞こえない者」という身体的、病理的視点からみるのではなく、社会的、文化的視点から「日本手話を使う者」「言語的、文化的少数者」と捉えなおすべきだ、という宣言だった。そして木村たちは、このような再定義が可能になったのは「ろう者の用いる手話が、音声言語と比べて遜色のない、〝完全な〟言語であるとの認識」があるからだと述べている。

ろう文化宣言には木村らの予想を超える反響があった。それはろう者を聴者社会の助けが必要な「聴覚障害者」という従来のイメージから解き放ち、独自の言語と文化をもつ〝自立した少数派〟であると宣言したからだ。そしてその宣言を支えているのが、日本手話は言語だというゆるぎない認識だった。この宣言は「言語学をはじめ文化人類学や社会学などアカデミズムの世界に与えた影響は大きかった」が、一方でそれ以上の厳しい批判をろう者や聴覚障害者の一部から浴びることになった。

1　日本最初の手話サークルは一九六三年、京都にできた「みみずく」だったといわれる（木村晴美『日本手話とろう文化――ろう者はストレンジャー』生活書院、二〇〇七、六八頁）。一九七〇年には当時の厚生省が「手話奉仕員養成事業」を開始し、「手話は広範囲で市民の間に普及」したが（『手話の考察』中野善達編、福村出版、一九八一、六二頁）、もちろんその手話は日本語対応手話だった。

2　ダイグロシアは、ひとつの言語が二つの言語変種としてあり、その間に上下関係が生じている言語使用状況のことだ。日本手話と日本語対応手話は言語的には別なものなのでダイグロシアとはいえないが、それぞれが下位と上位の関係にあること、その使用者もまた上下関係におかれて、ダイグロシアによく似た状況といえるだろう。

日本語対応手話の席巻

ろう文化宣言への批判は二点に集約される。ひとつは、ろう者が「言語的少数者」だと主張するのは、「ろう者が障害者であることを否定するのか」というものであり、もうひとつは「日本語対応手話を否定するのか」という、主として対応手話を使う中途失聴者、難聴者からの批判であった。

しかし宣言をよく読めばわかるが、木村たちはろう者が「障害者」であることを否定しているわけではない。また日本語対応手話も、中途失聴者や難聴者にとっては「最善」のものであり、「そのようなコミュニケーション手段の存在を否定することなど、できるわけがない」と述べている。[1]

宣言が唱えているのは、ろう者を「耳の聞こえない者」とみているかぎり、彼らが日本手話を使う人びとであるという、最も肝心な部分が見えなくなってしまうということだ。そして日本手話と日本語対応手話を峻別するのは、そうしなければろう者の自立はいつまでたっても果たせないからだ。なぜなら日本手話は木村のようなろう者の存在理由そのものであり、日本手話が日本語対応手話と混同され、あるいは同一視されているかぎり、手話は「音声言語と比べて遜色のない、〃完全な〃言語」ではなくなってしまうし、ろう者もまた「聴力を欠いたもの」「不完全な聴者」へとあともどりさせられてしまうからだ。

言い換えるならば、ろう文化宣言は私たちの社会が長年にわたり日本手話を認知しようとしなかったこと、そしてあまりに多くの場面で、あまりに無神経に、日本手話と日本語対応手話を混同し、日本手話への敬意を欠いていたことを指摘したのではなかったろうか。

宣言は、その最後をこう結んでいる。

この日本で、「ろう者の用いる手話は、音声言語に匹敵する、複雑で洗練された構造をもつ言語である」ということが、本当に理解されるのはいつのことであろうか。私たちは最近、それはそれほど遠い日のことではないかもしれないと思うようになっている。……ごく近い将来、ろう者と聴者が本当の意味で出会い、対等な立場で向き合うことのできる日が必ず来ると、私たちは確信している。

発表されてから二〇年になるろう文化宣言は、いまだ過去のものにはなっていない。なぜなら、ろう者の手話はいまなお「本当に理解」されてはいないからだ。またそのゆえにろう者と聴者が「本当の意味で出会い、対等な立場で向き合う」日はまだ来ていないからだ。言語的、文化的少数者としてのろう者と、多数派である聴者とのあいだには、変わることのない本質的な緊張関係がつづいている。その緊張関係の真ん中に、日本語対応手話が存在している。

しかもこの緊張関係は、かなり極端な非対称形をなしている。圧倒的多数派である聴者と、ほんのひとにぎりのろう者という階差があるからだ。なにしろ人口比でいえば、ろう者は聴者の千分の一、見方によっては数千分の一程度でしかない。それほどの「多数の力」をもつ聴者社会で、ろう者がいくら「言語的少数者」「日本手話」といっても、ほとんどの聴者には届かない。そして聴者は対応手話を使いつづけ、対応手話は聴者社会で「標準手話」として定着している。ろう文化宣言が出された当時もいまも、そこに大きな変化はみられない。

だから日本の手話通訳はどこでも、いまなおほとんどが日本語対応手話を使っていて、半澤のように高いレベルの日本手話の通訳は、全国を見渡しても十指に満たないといわれる。[2]

手話通訳だけではない。日本語対応手話は、およそ手話と名のつく関連分野のほとんどすべてで圧倒的な優位にあり、社会的な威信を付与されている。高学歴のろう者は、多くが対応手話を使う。

ろう学校の九割が使うという手話付きスピーチも、日本語対応手話だ。ろう教育の場は対応手話に席巻されているといっていいだろう。ろう学校の聴者の先生がろう児に対して対応手話を使うのは、「ろう児の教育を、聴者が行う」形の象徴だが、それはまたこの社会が対応手話を公的に認知した形ともなっている。

そしてまた、聴者が習い覚える手話も、ほとんどが日本語対応手話だ。私たちの社会には手話サークルやカルチャーセンターの手話コースが何百とあるだろうが、そうした場で教えられるのはもっぱら対応手話である。手話教室のなかには自治体の支援を受けているものも多く、それはまた対応手話が公的に認知されているかのような心理効果をおよぼしている。それに対し、日本手話を教える手話教室は公的な支援もなく、その数も全国に数か所しかない。

手話サークルや教室にはそれなりの役割があり、けっして軽視されるべきではない。対応手話とはいえ、それを学び使える人が増えれば、ろう者や聴覚障害者はそれだけこの社会で暮らしやすくなるからだ。ただ、対応手話はあくまでかんたんな話、応急手段のようなもので、ろう者と深い会話やたいせつな相談を進めることはできない。たとえばがんの告知や治療といった重要な場面では、対応手話ではなく筆談を希望するろう者が多いことは知っておいた方がいいだろう。

ここ数年、全国の自治体で制定の動きが広がっている「手話言語条例」も、ほとんどが対象としているのは対応手話だ。[3]この条例の普及によって、ろう者の手話、日本手話は、対応手話にくらべてさらに

〝劣位の言語〟として社会の片隅に追いやられようとしている。

聴者が作る映画やテレビの手話は、いつも日本語対応手話だ。二〇一五年放送のNHK大河ドラマは、ろう者役の俳優の演技指導に対応手話ではなく日本手話を使うネイティブ・サイナーを起用したが、これはきわめて例外的なケースといえよう。

ボランティアが使う手話も、通常は日本語対応手話である。もちろんそれでろう者を支援できることは多いから、この場合の対応手話はむしろ推奨されるべきだろう。けれどそこにはつねに、ろう者の伝統的な手話とはちがうという理解があるべきだろう。

朝日新聞が毎年大きく報じる全国高校生手話スピーチコンテストも、「スピーチ」ということばが入っていることからわかるとおり、日本語対応手話である。ここでは日本手話は事実上禁止されている。

成人式などの自治体の行事や式典は、まずまちがいなく日本語対応手話の通訳を使う。

内閣官房長官の記者会見の通訳も、日本語対応手話だった。

官房長官の会見というのは、二〇一一年三月の東日本大震災のときのことである。大震災の三日後から、官房長官の記者会見には手話通訳がついた。そのこと自体は評価すべきだが、ろう者の中山慎一郎の調査によると、官房長官の通訳は日本語対応手話で、テレビを見た多くのろう者は長官のいっていることがまったくか、あるいはほとんどわからなかったという[4]。

テレビに放送された手話通訳といえば、二〇一三年一二月、各国の首脳が参列した南アフリカのマンデラ元大統領の追悼式で、アメリカのオバマ大統領の後ろに立った手話通訳がでたらめな通訳をしていると笑いものになったことがある。あきらかにスピーチとは関係のない手の動きをくり返していたためで、テレビを見た日本のろう者も「あれはにせものだろう」と苦笑していた。なんでそんなことが起きたのかは不明だが、ろう者からみれば、政府といえどもきちんとした手話通訳者が確保できないのは日本も南アフリカも似たようなもの、ということになるのかもしれない。

1　「ろう文化宣言」に対する批判と反論については『現代思想』(一九九五年三月号)に収録された諸論考が代表的なものだが、その後本質的な反論はみられない。この間の経緯は、ハーラン・レイン『聾の経験——18世紀における手話の「発見」』(石村多門訳、東京電機大学出版局、二〇〇〇)、『ろう者から見た「多文化共生」——もうひとつの言語的マイノリティ』〈シリーズ多文化・多言語主義の現在〉(佐々木倫子編、ココ出版、二〇一二)などにまとめられている。

2　一九九〇年代からは日本手話通訳も登場するようになったが、数はきわめて少なく、大きな会議で同時に複数の日本手話通訳を確保するのはいまなお困難である。

3　埼玉県朝霞市は二〇一五年、「日本手話」への「理解を深め、互いに地域で支え合う」ことをうたった条例を制定した(二〇一六年施行)。日本手話と明記した条例は全国的にもめずらしく、地元ろう者の強い働きかけの結果とみられる。

4　『ろう者から見た「多文化共生」——もうひとつの言語的マイノリティ』p.xiii。テレビ画面のなかの手話通訳の姿が小さかったこともあり、会見を伝える対応手話の通訳を「少しだけ理解できた」か「全く理解できなかった」ろう者は一五〇名中の一〇一名に及んだという。手話という言語の使用状況をさらに複雑にしているのは、ろう者のすべてが日本手話を使っているわけではないということだ。また個々のろう者も日本手話を使うこともあれば日本語対応手話を使うこともある。中山の調査では聴覚障害者一五〇名のうち五九パーセントが、自分にとって日本手話はもっとも理解しやすいコミュニケーション手段であると答え、二五パーセントが、それは日本語対応手話であると答えている。ただし日本語対応手話を使うといっているろう者も、中山からみれば日本手話だったという例が多々あり、本人の自己申告は必ずしも言語学的な分布と一致しない。（同、p.x）

頭のなかの言語

「たとえば、〝ろう学校〟という手話。日本手話ではこう表します」

顔の横にあてた手がさっと下がり、胸の前で止まる。

「日本語対応手話では、こうですね」

顔の横にあてた手が、おなじようにさっと下がり、胸の前で止まる。

おなじように見えるが、よく見ると日本手話にくらべて手の動きにわずかな区切りがついている。

「これは日本語の手の動き。これだと日本手話にはなりません」

赤堀仁美はそういって、にっこり笑う。

日本手話の生きた教科書といわれる赤堀は、NHK手話ニュースのキャスターであり、明晴学園の手話の指導的立場に立つ教諭でもある。ろう者のネイティブ・サイナーとして、日本手話とはいったい何か、どこが日本語対応手話とはちがうかを聞くにはもっともふさわしいろう者のひとりだろう。

その赤堀の手話を、私はよくビデオカメラで撮影することがある。明晴学園で使うさまざまな手話の教材やDVDを作成するためだ。そこで撮影の合間に、日本手話は単語、音韻、形態、統語のあらゆるレベルで日本語とはちがうこと、また日本語対応手話ともまったくちがうことを見せてもらっている。

ある日、〈ろう学校〉という手話が話題になった。

かんたんな例なので、手話を知らない人にも理解してもらえると思う。

〈ろう学校〉が、日本手話と日本語対応手話ではどうちがうか。

「日本手話では〈ろう学校〉、これが対応手話だと〈ろう・学校〉になります」

手の動きはそっくりだけれど、動きのあいだにほんの少し区切りが入っている。

区切りは、内言語のちがいから生まれる。

内言語、つまり頭のなかで思い浮かべることばが手話であれば、それは無意識にそのまま、あるいはダイレクトに手の動きとなって、日本手話の〈ろう学校〉という単語が表出される。けれど内言語が日本語の場合、手の動きはどうしても日本語の発音に引きずられてしまうので、〈ろう・学校〉になってしまう。頭のなかの言語が、手の動きに反映されてしまうのである。

赤堀からみれば、対応手話の〈ろう・学校〉は、まるで「ろう〝と〟学校」といっているようなものだろう。たとえば「私は横浜ろう学校の出身です」というべきところが、「わたしは横浜ろう〝と〟学校の出身です」になってしまう。

「これは聴者の手話です。頭のなかで日本語で考えていると、どうしてもろう者の手話にはなりません」

じつにささいなちがい、であるかのようだ。

けれどこのささいなちがいが、そもそもの分かれ目である。「頭のなかにあるのが日本語か、手話か」という、根本的なちがいを反映しているからだ。そのちがいを無視して、日本語を思い浮かべながら手を動かしているかぎり、その「手話」はどこまでいっても日本語対応手話にとどまっている。「音声語に匹敵する」ろう者の言語、日本手話になることはない。

これは外国語を学習したことのある人にはよくわかることだろう。たとえばアメリカ人と話をするとき、頭のなかに日本語を思い浮かべてその日本語を英語に翻訳しているかぎり、流暢な会話はできないし、英語話者にはなれない。英語ネイティブの相手と顔をつきあわせ、のっぴきならぬ状況で聞き、しゃべることをくり返して、人は英語ができるようになる。内言語が日本語から英語に置き換わり、ネイティブに少しずつ近づいていくからだ。

ところが手話の場合、学習者はなかなかそうならない。ほとんどの学習者は手話教室でネイティブのまねをするのではなく、「日本語をベースとし、その上で手を動かす」対応手話を学び、そこから外に出ようとしないのである。またろう者自身、そうした聴者の要請、というよりは嗜好にそって対応手話を教えていることが多い。

かつては赤堀も、なんとかして対応手話ではなく、日本手話を教えたいと考えていた。しかし両親に聞くと、どんなにろう者の手話を教えようとしても、聴者は必ず日本語対応手話になってしまうという。聴者は頭のなかで日本語を思い浮かべ、日本語に沿って手を動かすことをやめないからだ。

地域のろう協会の幹部も、それを当然と思っていた。背景にあったのは、「手話という言語を教える」というより、「聴者と対等の立場に立ちたい」という、まったく別な思いだったようだ。きちんとしたろう者の言語を教えたいと考えていた赤堀は、手話教室のあり方をめぐってろう協会の幹部とずいぶんやりあったという。

(幹部は)ろう者も聴者も平等に、っていうふうにおっしゃるんですね。でもその平等に対する方法がちがう。たとえば、会議では「やっぱり対応手話でないと」とおっしゃるんです。それではろう者にきちっと伝わらないし、私自身もわからない。そういっても、いやそれはろう者も聴者も平等にきちんと記録係をしなければならない、きちんと記録をとるためには対応手話の方がよい、というような考え方なんです。じゃ、あなたはずっと日本語で考えてるんですか、といったら、ずいぶん叱られました（笑）。

ろう者は日本手話を使う。けれど聴者と一緒のときは対応手話だ。手話教室もその考え方で開かれる。それではきちんとした手話にならないと、いくら赤堀がいっても、聴者と「平等」にするためには対応手話、という論理である。これは論理というより配慮というべきだろう。配慮、あるいは遠慮に乗じて、聴者は対応手話を使いつづける。二〇年前の話だが、いまでも状況はさほど変わっていない。

対応手話を広めているのは、聴者だけではないのである。けれど対応手話を広めているろう者がなぜそうしているのかをみれば、そこには無意識のうちにろう者を追い詰めている聴者社会一般のあり方が浮かびあがるのではないだろうか。

変化の兆し

対応手話の〈ろう・学校〉は、日本手話の音韻を踏まえていないためにろう者の手話にならない例だ。けれどももちろん、対応手話と日本手話のちがいは音韻だけにとどまらない。

単語のレベルでも、例えば手話でよく使う〈かまわない〉は、日本語の「かまわない」とはかなり使い方がちがう。〈不要〉も同様、よく使う単語だが、日本語の「不要」とは一致しないので、日本語のつもりで使っているとろう者とは意味が通じなくなる。

手話学習者は、手話の単語を、自分の言語（＝日本語）の語彙がもつ意味範囲にあてはめて理解しようとしないでほしい。手話を手話のまま受け入れて、手話の単語がもつ意味の世界を泳いでいってほしい。（木村晴美『日本手話とろう文化――ろう者はストレンジャー』生活書院、二〇〇七、一一七頁）

統語、文法のレベルになるとちがいはさらに大きくなる。日本手話は対応手話にはないNMM（Non-Manual Markers）という要素が重要な役割を果たしているからだ。NMMというのは、手や指以外のさまざまな動きのことで、表情やうなずき、眉や口の動かし方などのことだ。このNMMが手話の厳密な文法を構成しているので、たとえばわずかな「首振り」を入れるか入れないかで、文章全体が肯定か否定か、まったく意味のちがうものになる。そうしたちがいを読み取れなかった通訳が、ろう者のいっていることを正反対に翻訳してしまうという、笑い話ではすまされない例も多々生じている。

日本手話と日本語対応手話という二つの手話のちがいは、ひとつが言語であり、ひとつがコミュニケーション手段であるということもできるし、あるいはひとつが自然言語で、もうひとつが人工言語であるという言い方もできる。言語学的にみて、二つの言語のあいだにできる中間的な〝言語〟であるピジンかそうでないかという区別も可能かもしれない。しかし長年この二つの手話のちがいについての議論を聞き、その関係性を考えたところで私自身がたどりついたのは、二つの手話のちがいは、「ろう者の手話」か「聴者の手話」か、という捉え方だった。

もちろんろう者の手話（日本手話）を使う聴者もいるし、聴者の手話（日本語対応手話）を使うろう者もたくさんいるから、この言い方に無理があることは承知している。それでもなおろう者の手話と聴者の手話という言い方で両者のちがいを捉えるのは、まず第一に内言語が日本手話か、日本語かというちがいがあるからだ。また日本語対応手話が聴者によって作られ、普及してきたという経緯があるからだ。けれどもっとも大きなちがいは、無意識のうちにはびこる「日本語中心主義」が聴者の手話を生みだし、ろう者の手話を不可視化してきたと思うからだ。そうした構造を意識しないわけにはいかないので、あえて私はろう者の手話、聴者の手話、という捉え方をしている。そのように捉えることで、優勢な聴者の手話に浸食され、変容を迫られつつ、なおかつその本体を変えることなく生きのびてきたろう者の手話の本来の姿が浮かびあがるからだ。

そうした関係のあり方に、変化の兆しがないわけではない。たとえばNHKの手話ニュースはかつて対応手話しか使わなかったが、二〇〇〇年代はじめから日本手話への切り替えがはじまり、いまでは全面的に日本手話で放送している。これはキャスターのろう者、木村晴美や小野広祐の粘り強い働きかけがあったからだ。

大学の講座にも、日本手話が入りはじめている。二〇〇〇年代になって関西学院大学や四国学院大学などで講座が開設され、二〇一〇年代には立教大学、慶応義塾大学も「日本手話」の講座を開設した。また日本社会事業大学は、二〇一〇年からろう者の学生が日本手話で学べる「聴覚障害者大学教育支援プロジェクト」を開始している。入学試験を受けるろう者も、日本手話で受験できるようになった。

手話関係の学術集会も、日本手話を使う例が増えている。東京大学の「アジアの手話言語学」（二〇一一年）、国立民族学博物館の「みんぱく手話言語学フェスタ」（二〇一三年）、慶應義塾大学言語文化研究所の「言語学コロキアム」（二〇一四年）などは、いずれも日本手話通訳を使うか参加者自身が日本手話を使って討議を進めている。日本言語政策学会などの学会は討議テーマの必要に応じて日本手話通訳を起用するようになった。

そしてなによりも、日本手話ですべての授業を行う明晴学園のような学校が、たった一校とはいえ日本の社会に誕生したことは、この社会のなかでなんらかの地殻変動がはじまっていることの証左といえるだろう。

日本手話が使われるのは、いまのところ教育や学術研究など、一部のかぎられた分野にすぎないことは事実だ。一般社会ではまだまだ、手話といえば圧倒的に対応手話である。

こうした対応手話の洪水のなかで、それでもなお「私は日本手話を使う」というろう者はなくならない。なぜなら彼らにとって日本手話は選択の問題ではなく、かけがえのない自分自身の一部だからだ。そしてそのことを、新しい世代のろう者は声高に主張するのではなく、むしろ低く落ち着いたトーンで語ってくれる。

ある年に私がインタビューした明晴学園の中学三年生は、自分の手話と日本語対応手話のちがいについてこういっている。


いっていることはわかっても、なんかちょっとおかしいなとか、ちがうなと思うということ。その、どうもちがうっていうことに気がつくっていうのがとても大事なのかなと思いました。たとえば日本語で、私「は」と私「が」は、助詞の使い分けがとても近いようでも大きな意味をもっているように、手話でもとても小さなことでも、日本手話話者からみると違和感を感じる、どうもなんかちがうなって思うことがあるようになりました。

この三年生は、中学部に進学するまで自分の手話についてとくに考えることもなかった。それがあるとき、明晴学園以外のろう学校でおなじ年ごろの生徒の日本語対応手話を見て、手話のちがいを意識するようになったという。相手の手話に違和感を抱いたのは、自分は「学習言語としての手話が身についたから」ではないかといっている。彼我の手話を相対化し、分析するだけの言語力、日本手話の力を、そしてそれによる思考力を、彼は身につけていたかのようだ。

ぼくは、たとえば手話学習者で対応手話を習っている人、あるいは身に付けた人に、あの、そうではなく日本手話とはこういう言語ですといいたい。ぼくが発信していくことによって、また社会を変えていくこともできると思います。ただそのためには、何がちがうのかとか、どこに違和感をもつのかということに自分が気がつかなければ、それを発信することはできませんよね……で、失礼かな、言いすぎかなとは思いますが、でも、なかなかまだきちんとした日本手話を話せる人がいなくて、そういう状況かなと思います。だけどそのちがいが、もしもぼく自身がそのちがいに気づかないとか、あるいは違和感を感じない、これでふつうなんだ、とくに問題ないというふうに思ってしまうと、それはとても怖いことだと思います。

日本手話を母語、第一言語とし、その言語で育ち、学んできたこの生徒は、対応手話は「どうもちがう」「ちょっとおかしい」と感じる。そしてそのちがいを正確に理解し、なにがちがうのか、どこがおかしいかを理解し、そのことを発信したいと思っている。自分はそうすることのできる思考と言語を身につけてきた。日本手話について正しく発信することで、自分たちろう者がこの社会を変えられるのではないかという。いかにも中学三年生らしい、というよりはむしろ中学生離れした、しっかりとした考え方ではないだろうか。

そのすべてを、彼は日本手話で語っている。ここに載せた翻訳は、手話通訳が訳した日本語をほぼそのままに掲載している。翻訳ではあっても、彼のいいたいことは十分私たちに伝わるのではないだろうか。そしてこの短いコメントのなかには、彼の人柄の一端すらもにじみ出ている。

もしも対応手話を使っていたら、彼はこれだけの内容を伝えることはできなかっただろう。それ以前に、対応手話と日本手話が「どうもちがう」と気づくことさえむずかしかったかもしれない。あるいは、自分は手話を使うものだという自信をもつこともできなかっただろう。自分にとって日本手話はかけがえのないものという感覚が、彼のなかには息づいている。

手話を生きる

もうひとりの中学三年生のインタビューを紹介しよう。彼はデフ・ファミリーの出身者で、生まれたときから手話を使ってきたネイティブ・サイナーである。かなり〝ろうっぽい〟手話を使うので、練達の手話通訳でもその読み取りには苦労する。その男子生徒が、小学生のころに通ったろう学校の記憶をこう語っている。

とにかくろう学校に通っているときは、よくわからなくて。声で話しなさいって、口話のアイウエオの練習から発声練習をさせられるんですね、で、がんばってやったんですがとてもたいへんでした。先生は何か話をしているんですけれど、それがわからなくて。ほかの友だちが書いてくれて、なんだそんなことかとわかったこともあります。それからバスから降りると、先生がずらっと並んでいる、そこであいさつをしなきゃいけない、こんなふうに（頭を下げて）あいさつをして歩くんですが、先生は「おはようございます」と声を出していえっていうんです。なんとか声を出したんですけど、上手じゃなかったみたいで、いい直しさせられて。それを毎日毎日させられるんです。帰るときにはさようならとか、給食のときにはいただきますと、とにかく声で話すっていうことを求められるので、いったい何のためなんだろうと思いながらとてもたいへんでした。

とてもたいへんな境遇におかれたろう学校の子どもたちは、よくチック症状を呈する。この生徒も、小学生のころは首をかしげる、肩をすくめるといったチック症状が顕著だった。明晴学園ができ、手話で学べるようになってからは水をえた魚となり、チック症状もいつのまにか消えている。

中学部を卒業する直前に行ったインタビューで、後輩のろう児に贈ることばはないかと聞くと、何の脈絡もなく、ひとことこういいきっている。

　手話を生きること。そのことを伝えたいと思います。

手話通訳はこのひとことを、その場では「手話は、生きること」と訳している。けれどそれでは意味が通じないので、あとで「あれは、「手話で生きること」でしょうかね」といっていた。そうすると彼の決然とした雰囲気は伝わらないので、ここでは「手話を生きること」と訳している。

インタビューではつづいて、それは手話をたいせつにすることですかと尋ねると、そうですねとうなずきながら、彼はどこか不満げな様子だった。たいせつというより、もっと重大なことなんだといいたそうな顔つきだった。

意味としては、ぼくたちろう者は手話で生きるということだろう。そのことを、〈手話〉という名詞と〈生きる〉という動詞を示しながら、独特のうなずきと視線を助詞、助動詞にして表出している。ろう者が見ればストレートに、うん、そうだよな、とひざを打つこの表現を、日本語にすっと翻訳することはむずかしい。

もしも彼がもう少し大きかったら、このひとことに何をこめたかったのか、それはどういうメッセージなのか、さらに説明できたかもしれない。しかし一五歳の少年は、自らの思いをそこまで言語化することはできなかった。またその必要も感じてはいなかった。「手話を生きる」というひとことは、彼のなかでかねて用意されていたかのように、またかねて言いならわしていたかのように、するりと、そしてきっぱりと語られている。そこに迷いやもどかしさはなかった。

手話を生きる。その生き方を、この中学三年生はどこまで貫くことができるだろうか。

いったん聴者社会に入れば、手話を生きることはむずかしい。いつかどこかでかならず壁にぶつかる。彼自身、小さいころから何度も壁にぶつかってきた。駅で迷子になったとき、周囲の人に手話で話しかけてもみな逃げるだけで、だれも助けてくれなかった。手話を生きるというのは、そういうことだ。これから大きくなれば、さらに大きな壁にぶつかるだろう。それでもなお手話を生きることができるだろうか。

これはろう児が、ろう者がつねに直面しなければならない普遍的な問題だ。音声言語を使う圧倒的多数の聴者のなかで、手話言語を自らのことばとするほんのひとにぎりのろう者は、声を出すのか、出さないのか、書くのか、手を動かすのか、つねにその選択を迫られている。けれどどのような状況におかれても、自分は手話を生きるものであり、その生き方を見失ってはならないということを、中学部の生徒は自らに言い聞かせていたのだろう。

そして私は考える。この生徒だけでなく、多くのろう者は聴者社会のなかで手話を生きることがどれほどむずかしく、不利で、不便で、損であるかを、おさないころから身にしみて経験している。にもかかわらず、彼らが手話を手放そうとしないのはなぜだろうかと。そして、かつてろう者の川島清が私のインタビューに答えていったことを思い出すのである。

私から手話をとったらどうなってしまうか、そうしたら生きていないですよ、私は。（一九九七年二月九日放送、TBS「報道特集」〝手話の世界〟）

手話がなければ、生きていない。その思いが、聴者にはわかるだろうか。

私は、自分がもし日本語を奪われたらどうなるだろうか、あるいは失語症になって日本語を話すことができなくなったらどうなるだろうかと思いめぐらしてみる。けれど「手話がなければ、生きていない」という思いには、たどりつくことができないだろう。ろうであるということは、たんに耳が聞こえないということではないからだ。ろう者は、ろうコミュニティのなかで仲間のろう者と歴史をともにすることによって現れ出てくる人びとだ。彼らはかつて生きたろう者の息づかいを受けつぎ、それを自らのものとし、おなじろうの仲間と共有し、あとにつづくろう者に引き渡してゆく。彼らの歴史を貫くのは時間ではなく、手話ということばだ。そのことばは、人種や地域に帰属する聴者の音声語とはまったく異なるかたちで、ろう者の存在を規定しているのである。

四　手話の本来の姿

和光大学での論争

聴者の社会に入り、さまざまな壁にぶつかりながらも、なお自分は手話を生きる。そのような、紆余曲折を経ながらの生き方を実践したろう者のひとりが小野広祐だ。明晴学園の教諭である小野は、手話という言語を使う少数派の一人として、学生時代に道なき道を歩まなければならなかった。

明晴学園をつくった創立メンバーのひとりの小野は、もともとは口話の優等生だった。川本口話賞という、全国のろう学校から選ばれた口話の優秀者に与えられる賞を受賞している。聴者の親のもとに生まれ、東京のろう学校で口話をマスターしていたから、指文字を使う必要もなかった。指文字というのは日本語のアイウエオを指の形にしたもので、発音のわかりにくい日本語の単語を一字ずつ表すときなどに使われるコミュニケーション手段だ。指文字を使わなかったというのは、発音と聞き取りがよほどしっかりしていたということだろう。そこまでの力がありながら、口話には限界があると悟らないわけにはいかなかった。

高校に入るまではずっと声での生活で大丈夫だったんです。自分は話すのがうまいし、それでやっていけると思っていました。それが高校にいくと、はじめて会う先生ですよね、ぜんぜん通じなかったです、声では。先生の方が耳が悪いのではないかと思うくらい、通じませんでしたね、驚きました、そのときは。

小野が進学したのは、ろう学校の高等部だった。先生はろう者の発音に慣れているはずなのに、その先生に自分の声が通じない。また先生のいっていることがわからない。慣れ親しんだ環境を一歩出ると口話は通じないということ。それはろう学校を出た生徒が、ほとんど例外なく直面する事態だ。
口話でだいじょうぶと思っているころは手話を使わなかった。使ってはいけないと教えられていたからだ。しかし背に腹は代えられない。やむをえず手話を使わなければならなくなった。小さいときから周囲にはデフ・ファミリーの子もいたので、中学まで手話を使わなかったといっても、日本手話はいつのまにか自分のなかに入っていたのだろう。

やっぱりそれはろう学校にいたからでしょう。自然に、見ているものがあって、身についたものがあるんだと思います。あとになってから、どうやって（手話を身につけたのか）っていわれますけれど、自分からアウトプットはなくてもやっぱり何をいわれてるかはわかっていましたから。使う場所がなかったっていうことはありますが。

それはおそらくとてもラッキーなことだった。いまはやりのインクルーシブ教育で一般校にいっていたら、手話を身につけることはできなかった。幼稚部からろう学校に通ったので、乾いた砂が水を吸いとるように、生きた手話を持続的にインプットしていたのである。そこで培われた確実な手話の言語概念が、高校生になってからの本格的なアウトプットもともなう手話として結実したのだろう。
高等部二年生のとき、先輩に誘われて行った講演会で、生まれてはじめてろう者の講演を目にする。それまでは学校でもどこでも、ろう者が大勢の聴衆を前に手話で話すような場面を見たことはなかった。講師は木村晴美だった。

その内容が、手話は言語である、ろう者にはろう者の文化があるということで、そんなことをはじめて知ったんです。ただそこではまだ補聴器をつけた生活をしているころだったので、大きな目覚めというほどではなかったですね。でも、あ、そういうもんなんだ、というきっかけになりました。

そのきっかけから、小野は少しずつろう者の先輩たちのなかに入り、自分が何者であるのか、自分はどう生きるべきなのかを考えるようになった。ろう学校高等部を卒業し、和光大学に入学して、口話の優等生は「手話を生きる」ろう者へと変わっていった。ろう学校にいるあいだはさほど〝ろう〟を意識しなくてもよかったのが、大学で聴者に取り囲まれるようになり、好むと好まざるとにかかわらず自分の立ち位置をたしかめざるをえなくなる。
はじめに直面したのは、補聴器をどうするかという問題だった。大学一年生、一九九八年夏のことである。

前は目が覚めたらまず補聴器を付けるという生活だったんですね、もうお風呂の時間以外はずっと付けていた。それを、宣言をしていきなり取るというのではなく、なんとなく外したんですね。で、母が

「補聴器は?」って聞いたんで、うん、もうしないよと答えたんです。「なんでしないの!!」っていう感じで……ずいぶんぶつかりました。父からも叱られました。そのころ、ろうの友だちとファックスのやり取りをしていたら、もうそういうつきあいはやめなさい、ろうの友だちを作るのはやめなさいなんていわれて、そのことでもずいぶんもめて反抗しましたね。もう一緒にご飯を食べない、夕食も自分の部屋までもっていって食べた時期もありました。

大学に入ったばかりのころは、まだ声を出していた。一年生の夏休みが終わってから、補聴器を外し、声も出さなくなった。ここから、小野と和光大学とのあいだの長い闘いがはじまる。いや、正確には和光大学教授で、長く障害学生と関わってきた篠原睦治とのあいだの、「手話か、声か」をめぐるやりとりだ。

声は出さない、手話を使う、と決めて生きる小野に対し、篠原は手話では聴者にわからない、声を使うよう努力すべきだ、といったのである。

四年つづきました。とても長かったですね。とくに先生はとても福祉的な視点に立っていて、障害者と健常者のインテグレーションというか、インクルーシブというか、そういう研究をなさっている先生だったので、もともと。お互い助け合ってというような考え方でした。ご自分も手に少し障害をお持ちで、筆談はむずかしいという先生でした。そういうこともあって、声で話してと要求されたと思うんです。で、通訳をたのんで話しあいにいくと……あなたのその「欠損しているところ」っていうんです(笑)、それをまわりの人たちが助けてあげる、補わなければならない、そして、あなたのもっている力、残っている力を使わないともったいないとおっしゃるんです。

口話の論理である。ろう者は聴力が「欠損」している、その欠けた部分を「健常者」が助けてあげるのだから、ろう者もほんの少しでもある「残存聴力」を生かして、聞くように、声で話すように努めるべきだ、という考え方である。

小野が、私は手話という少数言語を使うものだ、私は私の言語を放棄することはできないといっているとき、篠原は、問題はそこにあるのではない、障害者も健常者もおなじ土俵に立ち、対等の関係にあるべきだといったのである。聴者と平等になるためには対応手話を使わなければ、と考えたろう協会の幹部とおなじような発想である。

病理的・福祉的視点と、言語的・文化的視点の対照、というべきだろうか。一見まったくのすれちがいにみえるが、すれちがっているようでいて両者は著しく均衡を欠いた対称性をなしている。それは声を出せといわれたひとりのろう者が自分のアイデンティティは損なわれると考えたのに対し、それを求める聴者のアイデンティティは無傷に保たれるということだ。ろう者に対し、声を出してしゃべれということが、その当時においても、ろう者にどのようなメッセージを投げかけているかが考慮されていなかったのではないだろうか。

小野は、最後まで声を出さなかった。

ほんとうは最初から声を使わなければよかったなとは思いますが、そうした経験をすることで、家庭でもそうですし、大学のなかでもいろんな人たちにろう文化とは何かということがずいぶん広まりました。そうしたことについて先生ともファックスでずいぶんやり取りしました。おたがいにずっと反論しあってたんです。それが大学のなかの、学内誌に掲載されたんですね、やり取りが。それによってたくさんの人の目にも触れることになって、ろう文化というものがあるんだということを（みんなが知るようになり）、また、民俗学の研究をしている先生などからも興味をもってもらうきっかけにもなって。……やっぱり自分のアイデンティティは何なのかということを考えるきっかけにはなりました。

四年におよぶ対論は平行線のまま終わった。

しかし篠原は誠実な人であった。その後もさまざまなろう者と出会い、「日本手話に対する理解を深める必要があるのではないか」と考えるようになった。[1] そして小野が和光大学を卒業した六年後の二〇〇八年に二人は再会し、あらためて「手話か、声か」について話しあっている。そこで小野はかねてからの主張をこうくり返している。

口話というものにすごく抵抗を持っていたんです。手話で話せばいくらでも話せるし、自分の考えが深まっていくことがわかるんですけれども、口話で話しているとどうも自分の考えが浅くなり、表面的な会話になってしまって、どうしたらよいものかと悩んでいました。……大学に入ってから、いろいろな聴者と会うようになって少しずつ筆談することも増えてきました。口話だけではなくて、手話もあれば身振りも筆談もあるんだって思うようになり、声を使わないと決めたんです。[2]

小野は、当時は手話をアピールしたいという「使命感」で、「言動がちょっと行き過ぎていたかもしれません」と篠原を前に率直に反省している。一方篠原は、「問題に新しく気がつくときって、激しくなるものだよ」と笑いながら、自分の授業で無理に小野に声を出させたことを「当時から申し訳ないと思っていた」と頭をさげている。

あなたの状況を受けとめきれずに、口話でマイクさえ使わせたということは無慈悲だったなぁと、いまにして忸怩たる思いで聞きました。[3]

こうした論争を概観した和光大学教授のロバート・リケットは、二人の向きあい方を「誠実な、しかも勇気ある姿勢」だったと総括している。[4]

私がこのエピソードに強い感銘を受けるのは、篠原の強い働きかけにもかかわらず、小野が最後まで「たったひとりの闘い」を放棄しなかったことだ。それはおそらく小野が、「妥協はありえない」と本能的に理解していたからだろう。そこには、ここで譲れば「自分はなくなってしまう」という思いがあったのではないだろうか。徒党を組んで闘争を進めるのではなく、声高な権利の主張でもなく、ひとりの少数派が迷いながらも進めてきた、自らの居場所を確保する闘いだった。そこで最後まで妥協しなかったのは、彼が高校二年から大学一年にかけてのいつか、どこかで、後戻りすることなく「手話を生きる」道を選んでいたからだろう。

和光大学で行われた論争は、多くの問題点を提示している。そこに包含される普遍的なテーマは、多数派は少数派にどこまで自分たちへの同化を迫れるのか、ということだろう。少数派からみるなら、多数派にどこまで自分たちの存在を認めさせるかということになる。けれど、小野と篠原のあいだでテーマになった「言語」は、双方が歩み寄ればよいというような単純な問題ではない。

少数言語の研究者である木村護郎クリストフは、だれがどの言語を使うかを考えるとき、それらの言語のあいだには階層構造があることを忘れてはならないという。


相互の関係を築くために言語的に努力すべきだとされるのは決まって弱い方の言語を話す側である。国家のお墨付きをえた言語とそうでない言語の話者が出会うとき、言語的に順応しなければならないのは後者である。[5]

そして「行政や学校教育の中にも浸透している構造的な言語の階層化」があり、それを「個々人の態度や個々の状況の問題とするのは、問題をぼかしてしまう」という。これを和光大学の事例にあてはめて考えるなら、問題を小野と篠原の個人的な関係のもとで考えるだけではなく、手話と日本語という二つの言語がおかれている階層構造を忘れてはならなかった、ということだろう。そしてまた、どちらの言語をどこまで使うかという問題は白か黒かの二分法では決められない。木村がいうように、「言語的公共圏」をどのように形成するかはつねに「大きな課題」でありつづける、ということだろう。

四年にわたる小野と篠原の長いやりとりは、結局小野の生き方が貫かれた形となったが、それはどちらの言い分が正しいというような問題ではなかったはずだ。どちらもが深いレベルで出会い、ぶつかりあい、話しあい、思い悩まなければならなかった。その経験は今日の和光大学のあり方に、そしてまた篠原と小野の生き方に確実に反映されている。そのような経験をしてきた人びとに、組織に、私は深い信頼をおくことができると思う。

そう捉えたうえでなお、私は対話のなかで篠原がのべた一言に注目しないわけにはいかない。それは「大学っていう場は、物事を論理的、抽象的に概念化を試みながら考えるところである、だから、手話ではなく口話がベターだって考えてきたんだ」という述懐である。揚げ足を取るようではあるけれど、それは篠原もまた、手話が言語であると見抜けていなかったということではないだろうか。あるいは表面上、言語であると認めながらも、大学教育の論理的、抽象的な思考に適さない〝未熟な〟言語だと考えていたということではなかったろうか。そしてそれはどこかで、ろう者も手話もともに「欠けたもの」という意識につながってはいなかっただろうか。

手話は大学教育に十分耐える自然言語のひとつだという理解がはじめからあったならば、小野との四年にわたる論争はよほどちがった方向をたどっていたと思うのである。

1　篠原睦治編著『関係の原像を描く――「障害」元学生との対話を重ねて』現代書館、二〇一〇、二〇五頁。
2　同、二〇七頁。
3　同、二〇八頁。
4　ロバート・リケットの前掲著ブックレビュー、『東西南北　和光大学総合文化研究所年報』和光大学総合文化研究所、二〇一一、二七二頁。
5　木村護郎クリストフ「「共生」への視点としての言語権」『「共生」の内実――批判的社会言語学からの問いかけ』三元社、二〇一一、一五頁。

人権救済の申し立て

小野とおなじ川本口話賞の受賞者で、優秀な口話の使い手であった木村晴美は、世界ろう者会議に遭遇した一九九一年から声を出さなくなった。聴者に合わせて日本語対応手話を使うこともやめている。そうした生き方は燎原の火のように、木村につづく若い世代に伝わっていった。

ろう学校の高等部を卒業し、大手電機企業に就職した赤堀仁美は、社会人になったばかりのころは声を出していた。しかし木村と親しかったろう者の先輩に、「なんで声なんか出してるの？」といわれ、それからまもなく口話をやめている。一九九六年のことだった。

木村や赤堀と出会った小野広祐は、両親や大学とのあいだに軋轢を抱えながら、一九九八年には声を出さなくなった。

小野と同年齢で、小野とともにろう者の若者たちの活動に参加するようになった森田明は、就職したときにはもう声を出していなかった。

会社でも、ろう学校なみに声を出してくださいっていわれたんですが、いやそれはできませんって、筆談で通したんです。それが大きな経験になったと思います。ろう者は私ひとりだったので、できたのかもしれません。ほかにいろんなろう者がいたら、あの人はやるのに、ということになったかもしれないし。ただ、ろう者だからこれはできないだろうとか、かんたんなことをさせられることがずいぶんあって、やっぱり責任をもって任される仕事をしたいと思いました。コピーやホチキス留めといったところから少しずつ関係を作って……総務畑の、株主総会の準備などを任せてもらえるようになりました。

口話の限界をよく知っていた森田は、社会人になって声を使わなかった。口話を使っていたろう者のなかには、会社の同僚から「これ、コピーしてください」といわれたのを、「これ、ゴミにしてください」と聞きまちがえ、ゴミ箱に捨てて大失敗した人もいる。似たような失敗はだれにでもあるが、口話をつかっているかぎり、ろう者は聴者とのあいだでそうした失敗を声で軽く笑い飛ばすこともできない。

こうして九〇年代後半から二〇〇〇年代はじめにかけ、多くのろう者が声を出さなくなった。彼らは口話ができないから手話に走ったのではない。ろう者として生きることを選んだがゆえに、声を出さなくなったのだった。口話教育のもとでずっと「不十分な聴者」とされてきたろう者は、口話を捨てることで生まれてはじめて、自立したひとりの人間としての感覚をもったのかもしれない。あるいは、自分はろう者であると主張するとき、当時もっとも簡明な手段は声を捨てることだったのかもしれない。

言語的少数者としての自覚を深めたろう者は、この時期にさまざまな動きを起こしている。「D」というミニコミ誌を発刊し、DPro（ディープロ）という新しいろう者のグループを作り、デフ・デイというろう者の決起集会のようなイベントも開いてもいる。いたるところで声が消え、日本手話が鮮やかに前景化してきた日々だった。

百花繚乱のなかで起きたもうひとつの動きが、DProグループのなかに木村晴美らを中心とする「ろう教育チーム」が結成されたことだった。これもまた、もとはといえば七年前の世界ろう者会議に触発された動きである。世界ろう者会議の東京大会は、大会決議の冒頭で「バイリンガル・アプローチの支持」を打ち出していたからだ。その当時、木村はこうふり返っている。

世界ろう連盟は……ろう教育の「初めに音声言語ありき」という呪縛を打破し、ろうの子どもたちが自然に習得できる言語を第一言語として習得させ、それを基盤に書き言葉や学力を身につけさせようとするバイリンガル・アプローチを組織の戦略として打ち出した。デンマークでは一九八二年からバイリンガルろう教育プロジェクトに取り組んでいて、非常に大きな成果を収めているという報告を聞いた私は焦燥感にかられた。開催国の日本はお祭り騒ぎに浮かれていて、大会決議が持つ本当の重みやメッセージを少しもわかろう、受けとめようとはしていなかったからだ。[1]

木村が「焦燥感にかられた」のは、世界のろう教育の流れはバイリンガル・アプローチに移行しつつあったのに、日本では口話教育の厚い壁が微塵も揺るいでいなかったからだ。ろう児に手話と日本語の読み書きを習得させるバイリンガルろう教育は、一九九〇年代の日本では行政や教育界だけでなく、全日本ろうあ連盟をはじめとする既存の集団にもほとんど関心を抱くものがいなかった。それが木村には、「開催国の日本はお祭り騒ぎに浮かれ」、ろう教育に手話をという「本当のメッセージ」をだれも受けとめようとしていないと映ったのだ。

たしかに、ろう教育の停滞を受けて、文部省（当時）は一九九三年、やむをえずろう学校で手話の使用を一部容認する初の報告書を出している。海外の動向を横目でみながら、一部の専門家も手話の導入を話題にしはじめていた。けれどそれでただちに事態が変わるほど日本のろう教育は軟弱ではなかった。手話などとんでもない、子どもたちに絶対手を使わせてはならないという信念が、二〇世紀いっぱいはほとんどのろう学校を鉄壁のように取り巻いていたのである。木村たちがどこをどうつついても、手話はもとよりバイリンガル・アプローチの導入など夢のまた夢でしかなかった。

四面楚歌、八方敵だらけの状況で、ろう教育チームはスタートした。木村晴美の呼びかけに応じて、日本ろう者劇団のリーダーだった米内山明宏、当時まだ学生だった小野広祐、のちに明晴学園の校長になる榧陽子《かやようこ》らが集まってきた。前後して赤堀仁美、森田明らも活動に参加している。

こうして旗揚げしたろう教育チームは、当時としては無謀な二つのテーマに取りくんだ。

ひとつは、既存のろう教育に何も期待できないなら、自分たちで新しいろう教育の形をつくろうという動きだった。もうひとつは、ろう学校に手話を認めさせるために、なんとか裁判を起こせないかと模索することだった。

最初に手がけたのは、裁判への動きである。

一九九八年八月、真夏の暑い日差しのなかを榧陽子らが東京九段にある弁護士事務所まで出かけていった。手話を認めない国に対して、なんとか訴訟を起こせないかと相談するためである。そこで対応した弁護士の小嶋勇は、手話についてもろう教育についてもまったくの素人だったが、これが基本的人権に深くかかわるテーマであることを見ぬき、榧や木村たちへの支援体制を整えていった。

それからろう教育チームは、小嶋とともに霞が関の日弁連会館で何度も会合を重ねている。ろう者のなかには当初、手話を否定され十分な教育を受けられなかったことに対し、国に損害賠償を求めようという声があった。けれどさまざまな議論のなかで訴訟への動きは後退し、過去の経緯ではなく現実にいまある問題にどう対処するか、将来のろう児のために何ができるかという方向に視点が絞られていった。そこで小嶋のアドバイスにより浮かびあがったのが、日本弁護士連合会に対し人権救済を申し立てるという方法だった。

五年近くの準備と調査、議論を経て起こされたのが、二〇〇三年五月一七日の「人権救済申し立て」

である。申立人となったのは、全国のろう児とその親一〇七名だった。彼らはここで、文部科学省に次のような措置をとることを求めている。

文部科学省は、ろう学校において日本手話による教育を受けることができないことによって、教育を受ける権利及び学習権（憲法二六条）並びに平等権（憲法一四条）を侵害されている申立人らを救済するため、日本手話をろう学校における教育使用言語として認知・承認し、ろう学校において日本手話による授業を行う。[2]

申し立ては、日本では手話の教育が行われていないのでろう児の教育権は侵害されている、文科省は手話の教育を実施せよと求めていた。さらに、手話のできる教員を養成してろう学校に配置すること、またろう教育にあたる教員を養成する各大学に対し、日本手話の履修課程を設けることなどを求めている。

申し立てを受けた日弁連は問題の重要性を認め、通常行う予備審査を省き、ただちに委員七名の調査委員会を設置している。そして二年近くにわたる調査の結果、二〇〇五年二月一八日付で「手話教育の充実を求める意見書」を公表した。意見書は国に対し、手話が言語であると認めること、またそのための施策を講じることなどを求め、次の事項を要求していた。

手話を教育の中で正当に位置づけ、教育現場における手話の使用に積極的に取り組み、手話による教育を受けることを選択する自由を認める。[3]

すなわち意見書は、手話で教育を受けたいものに対して、それが可能となるよう、国が選択肢を用意すべきだといったのである。

意見書はまた、国に対して「手話で教育ができる教員の養成」や、ろう児の親などの「家族に対し手話教育の機会を無料で与えること」、ろう学校が幼稚部、小学部から手話を積極的に活用し、「子どもの言語能力の取得向上を図るべきである」と述べている。

日弁連という、社会に大きな発言力をもつ公的な組織が「国は、ろう教育に手話を取り入れよ」と求めた歴史的な意見書だった。法的な拘束力がないといはいえ、文科省はこれを無視することはできない。意見書は「手話の教育」への明らかな追い風となった。またろう教育チームと、チームとともに足並みをそろえて活動してきたろう児の親にとって、強い精神的な支えにもなった。木村晴美らのろう教育チームが、裁判を起こせないかと模索しはじめてから七年がたっていた。

中立人の一人であり、ろう児の親でもある玉田さとみはこういっている。

> 日本弁護士連合会が出した意見書は、昭和八年から今日にいたるまで誰も変えることができなかった日本のろう教育の根幹にかかわるものであり、きわめて画期的な内容と言える……この意見書は、中立てを行った全国のろう児とその親一〇七名と、署名してくださった全国六万人の賛同者が勝ち取ったものであることは間違いない。この場を借りて、応援してくださった方々に心からお礼を申し上げたい。[4]

とはいえ、日弁連の意見書は手放しに称賛されたわけではなかった。そこからすぐに手話の学校をつくる動きがはじまったわけでもなかった。「反対勢力」がこうした動きにしぶとく対抗したからである。

1　木村晴美「日本手話を第一言語とするろう者の道のり」『ろう者から見た「多文化共生」――もうひとつの言語的マイノリティ』〈シリーズ多文化・多言語主義の現在〉佐々木倫子編、ココ出版、二〇一二、八頁。

2　小嶋勇「日弁連「意見書」と人権救済申立」『ろう教育が変わる！――日弁連「意見書」とバイリンガル教育への提言』小嶋勇監修、全国ろう児をもつ親の会編、明石書店、二〇〇六、一五七頁。

3　同、一七四頁。

4　同、五頁。

内からの否定

人権救済の申し立てに対する日弁連の意見書は、口話を否定してはいない。ろう学校に対し、口話のほかに手話という選択肢も用意すべきだといったのである。実現可能で、かつ一般社会の常識に沿った内容だったというべきだろう。

けれどこの意見書は、最終的にまとめられるまでにひとつの大きな壁にぶつかっている。壁となったのは文科省やろう教育界ではなかった。〝別なろう者グループ〟だったのである。全国最大のろう者の組織、全日本ろうあ連盟が、人権救済の申し立てにははっきりと反対を表明したのである。

ろうあ連盟の反対により、申し立てに対する日弁連の調査結果は、「勧告」としてまとめられるべきところが「意見」に格下げされた。また申立書にあった「日本手話」という文言はただの「手話」に変えられている。内容もまたそれに応じて、ろう教育チームからみればあいまいで薄められたものになってしまった。

なぜ、ろうあ連盟は「手話の教育」に反対したのだろうか。

それはろうあ連盟がかねてから「手話はひとつ」といいつづけてきたからだ。「日本手話」と「日本語対応手話」を区別することに反対してきたからだ。

人権救済の申し立てに対するろうあ連盟の「見解」は次のように述べている。

　申立書では手話を「日本手話」と「日本語対応手話」に二分し、峻別しています。……手話を、ろう者の現実のコミュニケーションから離して、抽象的・理念的定義に無理に当てはめ二分してしまう考え方は、ろう者の現実を無理に分類することであり、結果としてろう者を分裂させる恐れを孕んでいます。（〝「人権救済申立」に対する全日本ろうあ連盟の見解〟二〇〇三年一〇月一七日。全日本ろうあ連盟ホームページより）

見解はきわめてわかりにくい論旨を展開しているが、ここでは「手話を二分するのは、ろう運動を二分することになる」との懸念を訴えているのだろう。さらに、こういっている。

　連盟はもっと広い意味での手話の導入と、児童・生徒間での手話による自由なコミュニケーションの保障を全国のろう学校で実現させることが、現時点における全国共通の目標になるものと考えます。（同）

「もっと広い意味での手話の導入」というのは、日本手話だろうが日本語対応手話だろうが、どちらでもいいではないかということだろう。

これは、ろうあ連盟の決定的な誤りではないだろうか。

「ろう運動」を進めるときには、どちらの手話でもいいかもしれない。しかし「ろう教育」を進めるときは、「どちらの手話でもいい」といってはならないのである。なぜなら、ろう児、ことに乳児や幼児は日本語対応手話の理解がむずかしく、対応手話での教育はほとんど不可能だからだ。またそれは言語学的にもきわめて不適切な教育方法だからだ。乳幼児や小学生には、もっぱら日本手話での教育を行わなければならない。私たちはそのことを、実際の教育現場で日々くり返し、子どもたちに教え込まれている。

ろう運動ではなく、ろう教育の現場では、日本手話と日本語対応手話は峻別しなければならない。もしも無理に対応手話での教育を進めるなら、それは口話教育と大差ないどころか、場合によっては口話教育よりさらにネガティブな結果を招くだろう。ろうあ連盟の捉え方は、「なんでもあり」のトータル・コミュニケーションという教育方法がどの国のろう教育でも停滞し、批判されていることを忘れている。その大きな要因が、対応手話を許容したことであるという分析を無視している。

ろうあ連盟の見解は、最後にこうもいっている。

手話という面からはろう学校を今すぐ変革できる方法はありません。……手話と直接の関わりを持たない日弁連という組織の判断を求める発想には、賛成しかねるということを付言いたします。（同）

人権救済申し立ては内容がまちがっているだけではなく、申し立てる先もまちがえているといって、ろうあ連盟は申し立てを否定したのだった。インターネットに表示されたこの見解は、その二週間後、全日本ろうあ連盟の機関紙「日本聴力障害新聞」（二〇〇三年一一月一日号）に掲載され、広く全国に報じられた。

ろうあ連盟のこうした考え方は、日弁連の意見書に濃い影を落とすことになった。ろう教育チームにとって、手話の教育を認める意見書が出たことは大きな前進だったが、日本手話という考え方が認められなかったのは大きな後退だった。この問題にかかわった弁護士のひとりは、ほんらい出るはずだった日弁連の「勧告」が「意見」に格下げされたのは、ろうあ連盟の反対があったからだと私に語っている。ろうあ連盟の見解によって、手話の教育は大幅に実現が遅れるだろうと懸念する声もあった。また事実、そうなったのではないかと、その後の経過をみて思わざるをえない。

ろうあ連盟はその後も、事実上の「ひとつの手話」路線を変えていない。あるいは、日本手話と日本語対応手話を区別せず、ひとくくりにして「手話」と呼ぶことをやめていない。私たちからみれば、これはバイリンガルろう教育そのものを否定していることになる。なぜなら日本手話と日本語対応手話を区別しないということは、この二つの手話はひとつづきであり、結局日本語ともひとつづきの、みなおなじ言語だといっているに等しいからだ。もしも日本手話と日本語はおなじ言語の二つの形で、視覚を使うか聴覚を使うかの言語モード、表現系がちがうにすぎないというなら、それはバイリンガル教育ではなく、〝モノリンガル・バイモーダル〟教育とでもいうべき奇妙な教育法になるだろう。「ひとつの手話」観が導くのは、そのように意図するかしないかにかかわらず、日本手話を日本語対応手話に同化させ、結果としてバイリンガル教育を否定する方向への動きなのである。

全日本ろうあ連盟が、ろう運動を進めてゆくために「手話はひとつ」と訴えることにはそれなりに意味があり、ときに有効な方法でもあるだろう。しかしろう教育の場にむかって「手話はひとつ」というのは、ろう児の言語獲得と認知発達をいちじるしく阻害することになる。「手話という面からはろう学校を今すぐ変革できる方法はありません」というろうあ連盟は、バイリンガルろう教育に背を向け、日本のろう児にさらなる苦難を強いることになるだろう。

フリースクールへの胎動

人権救済の申し立てを進める一方で、ろう教育チームは新しいろう教育への模索をはじめていた。彼らはしかし、はじめから自分たちの手で教育を行おうと考えていたわけではない。既存のろう教育をどうしたら変えられるかを議論し、ろう児の親とともにろう学校や文科省、東京都をはじめとする自治体を訪れ、さまざまに「ろう教育に手話を」と訴えている。しかし九〇年代末、そんな声に耳をかたむけるろう学校は皆無で、行政の担当者もまったく関心を示さなかった。

それなら、自分たちでやるしかない。一九九八年九月、東京都中野区の勤労福祉会館に集まったろう教育チームの一二人のメンバーはそう考えた。一時間あまりの議論で「学校設立」を目標に掲げ、まずフリースクールを作ろうということになった。

中心メンバーのひとりだった榧陽子は、日本ではじめてバイリンガルろう教育に注目したひとりで、海外の実情を調査し修士論文にまとめている。当時研究者のあいだではトータル・コミュニケーションが脚光を浴びていたが、ろう者である榧はトータル・コミュニケーションには違和感をおぼえ、文献で知ったバイリンガルの考え方に強く引かれていた。

私のインタビューに対し、椢は研究の過程で見学した一九九〇年代はじめの日本のろう学校の光景をこんなふうにふり返っている。

いくつか、幼稚部を見にいきました。子どもたちはとにかくもうおとなしく座っていて、先生の口を一生懸命見ている、でも目は死んでいるという状態で。で、私はあなたたちとおなじろうなのよと話しかけても、なんだかそれもピンとこないでぽかんとしているようなありさまでした。おなじろう者なのに通じあえないのが悲しくて、いったいだれがこんな壁をつくったんだろうって思いましたね。

すでにバイリンガル教育をはじめていたアメリカのろう学校は、別世界だった。

トライポッドという私立の幼稚園で、聴の子とろうの子を一緒に手話と英語、二つの言語で教えるという考え方で、バイリンガルでやってますというところがあったんですね。見にいくと、もう子どもたちは幼稚部から活発に手話で話をしているんです、すごいなと思って。私を見ると「どこから来たの」とか、さかんに声をかけてきてくれてとてもうれしかった。そのちがいに驚きました。日本のろうの子どもたちだって、手話であればおしゃべりできるんじゃないか、ほんとうはたくさん話をしたいんじゃないかなと思いました。

アメリカのろう者は一九八八年、ギャローデット大学で聴者の学長をろう者に交替させる「デフ・プレジデント・ナウ」という運動を起こし成功させるなど、自立への動きを強めていた。またこの年、アメリカで最初のバイリンガルろう教育がはじまり、政府の委員会が「手話は言語である」という報告をまとめている。

欧米のろう者が「ろうの復興期」と呼ぶ高揚した時代に、椢はアメリカのバイリンガル教育に触れていた。おなじころ木村晴美が、そして少し遅れて赤堀仁美も、アメリカで多くのろう者とろう運動に出会っている。一方スウェーデンではすでにバイリンガル教育がはじまって十数年がたっていた。鎖国のような日本にも、そうした情報が細々と伝わるようになり、既存のろう教育の厚い壁は、そこかしこに小さなひび割れがはじまっていた。

フリースクールをはじめようとしていたころのことを、当時まだ大学生だった森田明はこう振り返っている。

　ろう教育を変えなければっていうところがいちばん大きかったと思います。なにもわからないままに育っていくっていうのがろう学校の状況だったわけで。それをやっぱり見過ごすわけにはいかない、なにか変えていかなければいけないと。……(ろう者が) 社会に出たあとの大きな困難、さまざまな困難っていうのは、やっぱりもともとはろう教育にあると思うんですね。それにまったく気づいていない、麻痺している。それをなんとかしなければと思っていました。

とにかくまず親に声をかけ、ろうの子どもを集めよう。そう考えた森田たちが最初に手がけたのが、一九九八年一二月の子どもクリスマス会である。ろう児が集まってろう者の若者たちと手話で交流する、そこからきっと、何かがはじまるだろうと期待したからだ。すでに若者たちは「デフ・デイ」や「デフ・ユース・クラブ」の集まりなど全国的なイベントを企画し、新しい時代の風を起こしていた。その子ども版をめざしたのである。

クリスマス会には、呼びかけに応じて都内や近県から四〇名あまりのろう児が集まってきた。ろうのお兄さんお姉さんが「ウサギとカメ」の劇を演じ、みんなでゲームをしてケーキを食べ、ろうのサンタクロースからプレゼントをもらう。そのすべてが手話だった。補聴器を付けたろう児は切れ切れに声を出しながらも、おとなの手話を食い入るように見つめている。はじめて会った友だち同士がゲームをしながら興奮して跳びはね、いっしょに笑い騒ぎ、喧噪のなかで一体感を覚えていた。ろう学校の教室にはけっしてない「くつろぎ」があった。

クリスマス会は、手話ということばが日本ではじめてろう児の共同体をつくりだした瞬間だった。ろう児はそこで切れ切れの音声ではなく、分断されたコミュニケーションではなく、先生にいわれるままにではなく、自分のうちにある手話ということばで自分たちのこころをつないでいた。手話がまだ十分にできない子、十分な手話にさらされていなかった子も、そこで手話が自分のことばであることを敏感に感じとっていたはずだ。子どもたちのまとめ役となった森田明や小野広祐は、共同体ということばこそ考えつかなかったが、ひとつのたしかな火がともされたことを感じとっていた。

その火を消してはならない。そう思いながらろう者の若者たちは翌年の春、ろう児のためのフリースクール「龍の子学園」の開設に踏みきった。ろう者が、ろう者のことばでろう児に教えるフリースクールの誕生である。

龍の子学園

龍の子学園は、はじめは月一回の開催だった。それが月二回となり、週一回となり、幼稚部と小学部に分かれ、最後には週四日、一般校なみの時間割で授業を行うまでになった。最初の数年は東京都の葛飾区や府中市のコミュニティセンターを転々とし、人数が増えてからは豊島区の廃校となった小学校の教室を借り、最後の二年は品川区の小学校の空き教室を借り受けての開催だった。東京の東西南北を転々とする、放浪の九年間だった。

先生はろう者のボランティアで、休日に手弁当での参加である。小野も森田も、大学の授業の合間に龍の子学園に駆けつける二重生活だった。榧や赤堀も、仕事をしながら週末になるとかけつけてきた。まったくの素人の集まりだった龍の子学園は、授業内容をみれば一般校のレベルにはほど遠かったかもしれない。けれどやってくる子どもたちは楽しそうだった。ろう児たちは、はじめはろう学校に通いながらその合い間にやってきたが、やがてろう学校に籍だけおいてもっぱら龍の子学園に通う子が現れるようになった。子どもたちにとって授業のレベルは問題ではなく、まず自分が安心していられるところ、先生のいうことがわかるところ、そして自分のいうことをわかってもらえるところが必要だったのである。

フリースクールがスタートしたころを振り返って、森田明はこういっている。

最初のころはまだまだ言語的な統一もとれていなかったと思います。先生自体も（言語的な）モデルとなるようなものをきちんと示せてはいなかった。当時のビデオなんか見るとびっくりしますね、先生の手話、こんなのでいいのかと。学校で用いるような手話ではなかったように思います。でも、先生たちもそういったろう教育をずっと受けてきたわけですよね、だからいま（明晴学園で）やってる授業の様子とくらべたらまったくちがっていて。……子どもたちには、いろいろ〝吸いとられる〟ものがたくさんありました。

森田たちろう者はだれも、かつてきちんとした手話の授業など受けたことも、見たこともなかった。だから、いざ自分でやってもうまくはいかない。それでも子どもたちは、自分たちからたくさんのものを「吸いとって」いった。いかにも手話的なこの表現は、子どもたちが授業の中身を学びとっただけでなく、ろう者の手話を吸収し、ろうであることを学びとり、全人格的なふれあいがあったというニュアンスも込められている。龍の子学園はフリースクールである以前に、ろう児がろう児でいられる場所だったのだ。

資金も人材も、教室も教材も、足りないものだらけで龍の子学園はよく九年間もつづいたものだと思う。けれどどこの積み重ねと経験がなければ、今日の手話の教育は実現できなかった。デフ・ファミリーに育った森田はこういっている。

デフ・ファミリーの子は力があるって、以前から思っていたんです、当時の私は。デフ・ファミリーだからできる、デフ・ファミリーだからわかる、って。いま子どもたち見てても、とくにデフ・ファミリーが飛びぬけてっていうことはありませんよね、ぜんぜん。それ、すごくうれしいって思ってます。

デフ・ファミリーだからじゃなくて教育の問題なんだと。いままではそれが、デフ・ファミリーだからできるとか、デフ・ファミリーだからわかるっていうふうに片づけられてたんだと思います。

手話があれば、子どもは育つ。自分たちがしていることはただの思いつきではない、たしかに教育なのだという実感を、森田たちは日々たしかめることができた。フリースクールはこの実感に支えられて生きのび、遊びから学びの場へと変貌していった。

二〇〇〇年から二〇〇五年にかけて、私は報道番組のディレクターとして折りにふれ龍の子学園を取材している。たしかに森田がいうように、はじめのころは「言語的な統一」がなかったかもしれない。小学生になっても手話のおぼつかない子、ぎこちない日本語対応手話の子がほとんどだった。いまからみれば、よくあれを乗り越えられたという言語的な荒波のなかでのスタートだった。

子どもたちは学校にきてもよく暴れ、はじめは先生のいうことを聞かなかった。自分勝手にふるまってけんかが絶えない。とくに週のはじめの月曜日や、長い休み明けに学校が再開された日は落ちつきがなかった。それが何年かたち、子どもたちが自由に手話を使えるようになると、友だちや先生とのかかわり方は目にみえて変わっていった。手が出る代わりに、ことばが出るようになった。子どもたちの落ちつきは、集団としての手話のレベルと深くかかわっている。

粗暴なふるまいや友だちとの荒れたかかわりは、言語環境もまた粗雑で荒れていたということだったにちがいない。それを強制的に押さえこんだとき、子どもは緊張し、しだいに表情を失い、榧がいうように「目が死んで」ゆく。龍の子学園の初期の落ちつきのなさは、死んだ目つきの子どもたちがほんらいの目の輝きを取りもどすまでの、ひとつの過程だったのだろう。

龍の子学園に子どもを通わせる親たちもまた、幾多の困難をくぐりぬけてきた。親たちは、ろう児が生まれると医者からは憐憫の目でみられ、手話についての情報などだれも教えてくれなかった。ようやく手話という選択に気づき「手話の子育て」をはじめると、ろう学校の先生には叱られ、PTAからは非難された。ろう教育の研究会で手話の子育てを発表すると座長に酷評され、以後発表の場を与えられなかった。そんな親を支援しようとする専門家はひとりもいなかった。なかには龍の子学園に見学に来ることを、ろう学校に隠さなければならなかった親もいる。あんなところにいくなら、もううちの学校に来るなといわれたからだ。

それでもなお、親たちが子どもを通わせたのは、手話の環境で子どもがあきらかに変わってゆく姿をみていたからだ。

保護者のひとりだった岡本翠は、かつて娘を口話法の学校に通わせていた。娘はきれいな日本語をしゃべれるようになったが、どんなにきれいに発音しても、それを自分で聞くことができない。なにかがすっぽりと抜け落ちていた。龍の子学園にやってきて手話に出会い、「情報の伝達」でしかなかった親子のやりとりが「会話」になり、そこではじめて抜け落ちていたものがなんであるかがわかってきた。

たとえばレストランに行ったとき、むかしは何にするっていうと「ハンバーグ」ぐらいだったんです。いまは何にするっていうと、このハンバーグ何が入ってるの、どんなソースなの、どんな焼き方なの、じゃ私これにしようかなって。手話を覚えてからの会話、やっぱり会話というのは手話でないと無理だってわかったんですね。

ただ情報を、意味を伝えるだけなら口話でもできる。けれどそうではなく、自分たちは会話がしたかった。手話を使ってそのことがわかるようになった。

ろう児はまたたくまに手話を身につける。ところが親はそうはいかない。手話は外国語とおなじようにむずかしい。それでも親が手話を覚えようとするのは、子どもと「あたりまえの会話」がしたいからだ。

息子がろうの玉田さとみはこういっている。

子どもを自分の世界に引き寄せるのか、自分が子どもの世界に歩み寄るのか、それはもう個々の判断だと思うんですけど、私は子どもの世界に近づきたかった。手話で育てていくというのは、はたで見るほどたいへんではないと思ってます。

ろう教育は、このような親が現れることを想定していなかった。だから手話ではなく口話で、といってきたのだった。大部分の親は既存のろう学校のいうことを信じて口話に向かったが、その一方で、二〇〇〇年代のはじめにはすでに、「親が手話を覚えればいい」「自分の方から子どもに合わせよう」と考える親が現れていたのである。もちろんネイティブなみの手話を身につけることはできない。けれど、足りないところはろうの子が助けてくれる。手話を覚えた親の多くは、ろうの子に支えられながら、彼らとのあいだで「あたりまえの会話」を楽しむようになった。

子どもが成長するにつれて、龍の子学園も成長した。しかしその限界もまた明らかだった。

四〇人もの子どもを毎日集め、一日授業を行う学校という組織は、ボランティアの意欲だけでつづくものではない。月に一度ならともかく、週に四日となればなおさらだ。会社勤めをしながらその合間にやってくる先生に十分な教育は期待できない。教室の確保も容易ではなかった。いつ消滅するかわからないフリースクールに、先生も親も不安は強かった。

やはり当初の目標通り、「学校」を作りたい。

その夢が現実に向かって動き出したのは、ろう者の若者と親たちの熱意、そして幾つかの偶然と幸運があったからだ。

教育特区のもとで

フリースクール龍の子学園がスタートした翌年の二〇〇〇年八月、手話の教育を求めて「全国ろう児をもつ親の会」が結成された。親の会は二年後、ろう児が手話で教育を受けることは基本的人権の一部だと主張する「ろう児の人権宣言」を発表している。

私たちの子どもはろう児です
ろう児は将来ろう者となります
ろう児とろう者の母語は日本手話です
私たちは子どもの母語環境を保障し、母語で教育を受ける権利を保障します
……
私たちはろう児の人権を守ります[1]

親たちはここから、学校設立に向けて具体的に動き出している。そして二〇〇五年、NPO「バイリンガル・バイカルチュラルろう教育センター」、略称BBEDを設立し、文科省や国に新しいろう教育への提案をくり返すようになった。おりしも手話の教育を求める意見書を日本弁護士連合会がまとめ、行政の対応も九〇年代とはあきらかにちがってきた。

フリースクールが学校法人となるまでの経緯は、要点をいくつか記すにとどめておこう。

法制度上、もっとも大きな追い風は「教育特区」だった。これは従来の教育制度にはない学校を、一定の条件のもとに認めようという国の制度改革である。この改革により、当時すでに英語を重点的に教える学校や、不登校の子が通う学校が設立されていた。そうした新しい教育のもうひとつの形として、二〇〇七年一月、東京都が「手話と書記日本語によるバイリンガルろう教育特区」を内閣府に提案し、これが受理されて手話の学校への道が開けることになった。

フリースクール龍の子学園は学校法人明晴学園となり、この学校法人のもとに私立ろう学校、明晴学園が開校されたのは二〇〇八年四月のことである。設立当初は幼稚部と小学部だけで、幼児児童は合わせて四一名、教職員二一名の小さな学校だった。二年後に中学部が設立され、子どもの数は六〇人前後になったが、依然として日本でいちばん小さな規模の学校であることに変わりはない。

そんな小さな学校であっても、これは夢の学校だった。フリースクールの九年間を振り返りながら、小野広祐はこういっている。

ろう教育の歴史をみても長いあいだ、ほんとにまったく変わらずにきているわけで、それを考えると、そんなにかんたんではないと思っていました。「ろう教育を変える会」で学校をつくるといっても、まったく先のみえない話だったんですね。もしかしたら、私が生きているあいだにできるのかなあ、というくらいで。九年でできるとは思っていませんでした。

学校が実現できたのはろう者と保護者の執念のたまもの、ともいえるが、私たちが折りにふれて話しあったのは、本当に学校を作ったのは子どもたちだったということだ。ろうとして生まれた子どもは、手話の環境をください、私には手話の教育が必要ですといってやってきたのである。そしておとなたちを動かし、いくつもの壁を破って学校を作る道を歩ませたのだった。それを可能にしたのが、手話ということばだった。

1　『ろう教育が変わる！——日弁連「意見書」とバイリンガル教育への提言』小嶋勇監修、全国ろう児をもつ親の会編、明石書店、二〇〇六、二頁。

よみがえる手話

これまで、ろう教育という分野を中心に、私たちの社会で手話がどのように扱われてきたかをふり返ってきた。そして手話ということばがそのほんとうの姿を現すにしたがって、ろう教育もまたその姿を変えてきた経緯をみてきた。手話という、かつて聴者には想像の及ばなかった言語のあり方が、じつは聴者社会に深い葛藤を引き起こし、その葛藤がろう教育という場に巨大なひずみとして表れていたということもできるだろう。

ろう教育の場で手話に接してきた人びとのおおかたは、まさかあんなものが言語だとは思いもしなかったはずだ。その一方、この奇妙なコミュニケーション様式が意外にもろう者同士のあいだで言語として機能していることに本能的な戸惑いを覚えたにちがいない。そしてまたどんなに熱心に口話を指導しても、手話があればろう児はかならずといってよいほど手話の方に走ってしまうということ。それは手話が言語だったからだが、そうと気づくことのできない教育者のなかには、なぜ手話がろう児を捕らえ、口話がろう児のなかに入っていかないかがわからず、深い疲労感にとらわれるものが少なくなかった。

口話法が登場する一九世紀までの百年間、手話は欧米のろう学校やその寄宿舎で、のどかな時代を過ごしていたかにみえる。ろう者も聴者も、だれもそれが音声語に匹敵する言語だとは思っていなかったが、かといって組織的に排斥することもなく、手話はろう児、ろう者のあいだで十分に生活言語として機能していたのである。それは古典的な手話の時代、とでもいえる日々だった。

ところが口話法が登場し、手話は口話の最大の障壁として排除されるようになった。このときから手話の暗黒時代がはじまる。分岐点となった出来事はいくつかあるが、やはり一八八〇年のミラノ会議が頂点だろう。ここで各国から集まった教育者たちは、こぞって手話の完全な排除を求め「純粋口話法」を決議している。手話はろう教育の場で排除されるだけでなく、日本でも西欧でも「動物のことば」として差別され、侮蔑の対象と化したのだった。

そして口話が行き詰まり、やはりろう教育には手話が必要だという声が高まり、こんどはその手話を作りかえる作業がどの国でも起きるようになった。手話は必要、けれどろう者の手話ではまともな教育はできない、「きちんとした手話」でなければ、と考える人びとが、日本では日本語対応手話を作り、アメリカでは英語対応手話を作り、スウェーデンではスウェーデン語対応手話を作ったのである。

その結果がどうであったかを、スウェーデンのケーシュティン・オールソンはこういっている。

スウェーデンでは一九七〇年代に、ろう児がスウェーデン語を理解しやすくなるだろうとの考えから、手指動作（手話単語）を授業に採用するようになった。……「スウェーデン語対応手話」は、人工的に考案された不自然なもので、子どもたちを苛立たせただけでスウェーデン語習得の助けにはならなかった。[1]

日本でもまた一部のろう学校で日本語対応手話によるろう教育が試みられたが、それは子どもたちを「苛立たせた」だけだったのかもしれない。スウェーデンでは一九七〇年代から、日本では二〇〇〇年代になってからはじまった、対応手話を取り入れたトータル・コミュニケーションは、結局は言語でないもので言語を教えようとしたことで行き詰まっている。これを代用手話の時代とよぶことができるだろうか。

そしていま、手話はその本来の姿、複雑で洗練された文法をもつろう者の自然言語として認知されはじめている。もちろんろう者の手話は日本語対応手話にくらべ、一般社会でも、またろう教育の場でも少数派であることに変わりはないし、認知度も残念ながら相当に低い。けれどろう者の手話は真に人間の母語となることのできる言語であり、それによってはじめて、ろう児が聴児とおなじレベルの教育を受けることのできる言語なのである。

今日、手話はその全容を現したとまではいえなくても、注意してみればほんらいの姿がみえるようになったという意味で、手話の復興期、または黎明期ということができるだろうか。手話はまず言語学によって認知され、社会的な「地位」が高まるにつれて多くの聴者の関心を引きつけるようになった。キャロル・パッデンによればアメリカでは一九七〇年代から八〇年代にかけて「手話への関心は爆発的に高まり」、各地の大学にアメリカ手話の講座が開設されるようになった。アメリカ手話はしばしばスペイン語に次いで人気の高い第二言語で、いまやアメリカでもっともよく学ばれている「主要な一五言語のひとつになっている」という。[2]

イギリスでもほぼおなじ時期に一般市民の手話学習熱が高まり、イギリス手話学習協会によれば、初級レベルの検定に合格した手話学習者は十万人を超すと推定されている。また大学の課外講座で二番目の人気を誇る履修科目で、教員不足が顕著になっているという。

アメリカでもイギリスでも、手話はろう者だけが使っていたマイナーな言語から、世界の大言語とならぶ「注目の言語」、「人気の言語」になったといえるだろう。こうした流れをパッデンは手話の「公共空間への進出」といっている。それは手話がもはやろう者の世界に閉ざされた言語ではない、という捉え方を示している。[3]

のびやかな古典時代から弾圧による暗黒時代へ、混乱をもたらした代用手話の時代から、本来の手話がその姿を現す復興期へと、手話は聴者社会の反応に翻弄される百年を経てきた。

音声語にくらべ、圧倒的な少数言語であるにもかかわらず手話がここまで生きのびてきたのは、ひとえにこの言語がろう者の身体性に担保されてきたからだ。つまり耳が聞こえないろう者は、かんたんには音声語を習得できない、それゆえに手話という言語を手放すことができなかったともいえるのである。今日、地球上では無数の少数言語が消滅しているが、音声言語とちがって手話はろう者がいるかぎり消滅することはない。世界にろう者がたった二人しかいなくなったとしても、彼らはたがいに相手をみつけだし手話の会話をつづけるだろう。

とはいえ、私はこうした見方がやはり聴者のものだということを認めなければならない。私たちは圧倒的多数の聴者が残した文献や証言で手話の歴史をたどるけれど、ろう者は少数派としての文献や証言、そして彼らのあいだの伝承や解釈によって手話の歴史をたどり、聴者とは微妙に、あるいははっきり異なった視点から自らの言語を語っている。

1　ケーシュティン・オールソン「スウェーデンのろう学校より」荒川明久他訳、『バイリンガルでろう児は育つ――日本手話プラス書記日本語で教育を！』全国ろう児をもつ親の会編、生活書院、二〇〇八、一二一―一二三頁。

2　Carol Padden and Tom Humphries, *Inside Deaf Culture*, Harvard University Press, 2005, p.75, p.163

3　同 p.122

伏流の文化言語モデル

田門浩が二〇一二年に発表した「手話の復権」というタイトルの論文は、ろう者社会にこの百年、聴者の見方とはかかわりなく、手話は言語だという見方が一貫して伏流のようにつづいていたことを指摘している。[1]

昭和初期になると、ろう教育界では、ろう者の使う手話は言語であるとの認識が生じつつあった。東京聾唖学校教諭であった丸山〔良二〕は、手話は言語であり……慣習的手話には何らかの形で規則があることを認めていた。

また、大阪市立聾唖学校教員を中心に一九二八年一月に日本最初のろう劇団「車座」が創立され、その団員による「車座の演劇意識」という題の文章には、手まね〔手話〕が言語であることが強調されていた。（論文中にある出典は省略。以下同）

手話を外側からみている聴者には、手話はたんなるジェスチャーの集合にしかみえなかったかもしれない。しかしそれを内側からみているろう者にとっては、言語以外のなにものでもなかった。その手話を、当時のろう者教員たちは「ろう教育の中心に据えるという信念をもっていた」という。

これは、いまでいうろう者の「文化言語モデル」の原型といえるだろう。

手話を言語と認めること。そしてまたろう者は「完全な存在」であり、手話という言語を使う言語的、文化的マイノリティであるとみなすこと。こうした見方はろう者の文化言語モデルといわれ、一九八〇年代から各国のろうコミュニティで言及されるようになった。その原型は、一九二〇年代の日本にすでに芽ばえていたということができるのかもしれない。いや日本だけでなくどの国のろう社会にも、ろう者の文化言語モデルの原形は存在していただろう。それは手話通訳という職業が存在しなかった一九世紀、聴者には見えなかったというだけのことかもしれない。

しかし口話教育の浸透と戦中、戦後の混乱によって、文化言語モデルは後退せざるをえなかった。

一九六〇年代になり、全日本ろうあ連盟がろう者に対する差別に抗し、障害は社会のあり方によって作りだされるものだという「社会モデル」を前面に押し出すようになった。この社会モデルにあわせて、ろうあ連盟は手話に対する見方を変えるようになった。

聴者との連帯を重視する新しいろうあ運動の推進者は、手話を「ろう者と聴者との共通の言語」であると見た。この帰結として、新しいろうあ運動推進者は日本語と手話との対応や互換性の向上に力を入れるようになり、手話独自の文法は分析の対象として重視しなくなった。

ろうあ連盟自らが、日本手話と日本語対応手話の融合をめざしたのである。自然手話、自然言語のあり方を規範的に変えようとするのは言語学的に無意味な試みであるとしても、ろう者と聴者が連帯するために目ざすべき方向と考えられたのである。しかもそれは二つの手話を足して二で割るのではなく、ろう者の手話「日本手話」を、日本語対応手話に、あるいは日本語に同化させる方向への試みでもあった。[2]

かつて赤堀仁美が、横浜の手話教室でろう者の手話を教えたいと思っても、地元のろう協会幹部の反対にあったのというのはこうした事情があったからだ。そしていまでも手話サークルのほとんどがろう者の手話ではなく日本語対応手話を教えているのも、もとはといえばこのあたりに背景を見いだすことができる。

こうした「新しいろうあ運動」によって、「ろう者の社会的地位は劇的に向上」したのだが、そのことを高く評価しながらも、田門はこう指摘している。

聴者との連帯を重視する新しいろうあ運動が浸透するにつれてろうコミュニティでは、社会モデルの観点が前面に立ち文化言語モデルは背景に退くようになったが、それでも依然として文化言語モデルの理念は存在していた。このような併存関係は、新しいろうあ運動を推し進めてきた人々の中でも見られていた。

聴者との連帯をうたい、運動論のために「手話はひとつ」といっても、ろう者にはろう者の手話があり、ろう者はその手話を生きているという現実が消えることはなかった。

このように「伏在していた文化言語モデルの理念」が、「明確かつ強烈な形で前面に打ち出された」のが、一九九五年の木村晴美、市田泰弘によるろう文化宣言だった。ろう者の手話、日本手話は、日本語対応手話とはまったく異なる言語だと明快に主張したことで、ろう文化宣言はろうあ運動が「長い間積み重ねてきたものをすべてひっくり返すような思想」と受けとめられ、ろうあ連盟の「過剰な反応」を引きおこすことになった。その過剰な反応がやがて「手話を分断してはならない」、すなわち事実上の「手話はひとつ」という対抗言説に結晶化されていった。

田門はこの論文で、ろう者の文化言語モデルの重要性を訴えるとともに、ろうあ連盟の社会モデルを多文化共生の理念に沿って再構成することなど、いくつかの論点を提示している。そして論文の「結論」で、文化言語モデルの理念は「はるか以前の明治時代にろうコミュニティが成立した当初から強く希求されてきたものであり、ろうコミュニティの歴史と深く関わっている」ことを指摘している。

ろう者にとって、自分たちの言語はむかしもいまも手話なのだ。ろう教育の場でその手話を奪われ、社会的に差別され、対応手話が考案され、またろうあ運動が事実上「手話はひとつだ」といっても、手話は「はるか以前」からずっと自分たちのあいだに流れつづけてきたことばだった。そのようなろう者の思いを、田門論文は伝えている。

1　田門浩「手話の復権」『手話学研究』第21号、二〇一二、八一―九六頁。

2　日本手話を日本語に同化させようとする試みは一九六〇年代より以前にはじまっている。那須英彰・須崎純一編著『藤本敏文』（筑波大学附属聾学校同窓会、一九九八、六一―六三頁）によれば、ろう社会の指導者だった藤本敏文は一九四〇年代に、「大仰で道化て見える」「生地のまま」の手話を、「国語を土台にして手話する」ことで「きれいな」「教養的手話」に変えるべきだと論じている。手話を人工的に改変すべきだとするこうした手話観は今日なお、手話と日本語の「共通性の確立」をめざすべきだとする全日本ろうあ連盟の路線に引き継がれている。（高田英一『手話の森を歩く――言語としての手話　その秘密をさぐる』全日本ろうあ連盟出版局、二〇〇三、六一頁）

ろう社会の混乱

手話という言語に対して深い葛藤を覚えたのは聴社会だけではなかった。ろう社会もまた、手話という言語がその姿を現すにしたがって、聴社会とは別な形で、しかも見方によってははるかに深く、さまざまな葛藤を抱えむことになったのである。

ろう社会に、パンドラの箱を開けたような混乱をもたらしたのは言語学という学問だった。

手話が言語であることをはじめて論文にまとめたウィリアム・ストーキーは、その五年後の一九六五年、言語学的な視点から編纂した世界で最初の手話辞典をギャローデット大学の同僚らと刊行している。

このなかでストーキーらは、アメリカのろう者が使っている手話に「アメリカ手話」という名前をつけた。まずこの名前が、アメリカのろう社会を二分する激しい論争を引き起こすことになった。

それまでアメリカのろう者は、自分たちの手話をたんに「手話」と呼んでいた。それをなぜいまさら「アメリカ手話」といわなければならないのか。

言語学者たちの言い分は明快だった。アメリカ手話は英語とは異なる別の言語だ。そして手話にはさまざまな種類があり、アメリカ手話をほかの国の手話と区別するためには「アメリカ手話」といわなければならない。それは、英語をほかの言語から区別するために英語と呼ぶのとおなじことだ。

いまなら当然すぎるほど当然と思えるこの言い分に、当時のアメリカのろう者は心底驚いた。『ろう文化の内側』で、キャロル・パッデンらはこういっている。

> 多くの人びとは、「アメリカ手話」や「ＡＳＬ（American Sign Language）」という呼び方をまず否定した。生まれてからずっと使いつづけてきた自分の言語に、彼らは正当性ではなく疑念を抱いていたのである。そしてアメリカ手話が世界に数ある手話のひとつだということより、むしろそれが英語とは別のものだといわれたことにとまどったのである。（Carol Padden and Tom Humphries, *Inside Deaf Culture*, Harvard University Press, 2005, p.127）[1]

ろう者は、手話が英語と異なる言語だとは思っていなかった。

デフ・ファミリーに育ったネイティブ・サイナーであり、カリフォルニア大学の言語学教授でもあるパッデンと、共著者のろう者であり、おなじくカリフォルニア大学准教授のトム・ハンフリーズは、こうした話を自身の経験と、家族やろうコミュニティからの聞き取りによって『ろう文化の内側』のなかにまとめている。

それを読むと、一九六〇年代から七〇年代にかけて、アメリカのろう者が多くの差別や偏見を乗りこえて社会的な地位を向上させていた時代に、手話もまた「ジェスチャーの集合」から脱け出そうとしていたことがうかがえる。ようやく自分たちの手話が英語と肩をならべるようになったと思ったとき、そしてまた手話は英語と一体だとばかり思っていたときに、言語学者が「手話は英語とはちがう」といいはじめたのである。それは手話を英語と切り離し、ふたたび差別と偏見の世界に突き落とすのではないか。ろう者の、ことにエリート層のあいだにはそのような不安が強かった。

かりにASLが英語とはちがうことを認めるにしても、ASLはエリートろう者の手話ではなかった。彼らの手話はもっと英語的で、教養的だった。彼らにとって、ASLというのは教育程度の低いろう者、彼らの世界で〝草の根〟と呼ばれる、ろう者クラブの常連で低賃金で働き、大学を卒業していない人びとの使うことばだった。教育程度の高いエリートろう者の使う手話は、英語を取り入れ、ふんだんに指文字を使って、できるだけ文章を英語の語順にした手話だった。（同 p.127）

少なくともろう社会のエリートたちは、手話と英語を融合させることをめざしていた。そうすることによって、アメリカ手話が、いや「自分たちの使う手話」が、りっぱな教養的な言語であることを社会に認めさせようとしたのである。こうしたエリートろう者と草の根ろう者の手話の使用状況を、ストーキーは「ダイグロシア的」と形容している。

アメリカのろう者が使っていた「ただの手話」を、あらためてアメリカ手話、ＡＳＬと呼ぶべきなのかどうか。名前をめぐる論争は、ただちに手話の実態をめぐる論争になった。ところがそこで起きたのは、言語学的な論争というよりはむしろ、おなじひとつのアメリカ手話を英語的に使う「上層階級」と、ろう者的に使う「下層階級」という階層構造を意識することであり、だれがどのような手話を使うかをめぐる、ろうコミュニティの分裂と対立だった。

事情をさらに複雑にしたのは、ちょうどこの時代に、ろう教育に手話をとりいれようとするトータル・コミュニケーションの動きが起きたことだった。教育者を中心に進められたこの動きは、英語の一部を手の動きにした英語対応手話を考案し、広めていた。当時のアメリカろう社会の、ことにエリート層はこの動きにそってアメリカ手話を英語にしようとしたのである。

アメリカ手話が学問的に確立されるに従い、英語対応手話への支持も顕著な動きとなっていた。かねてからろう社会の人びとは英語が書けるように、またしゃべれるようにと努力し、それが聴者社会に進出するための道筋と考えてきたが、その延長上で当然のように英語対応手話を使ってきたのだった。

（同 p.129）

アメリカ手話と英語についての論争は、アメリカ手話か英語対応手話かの論争へと変わっていった。アメリカ手話を支持する若い世代は、手話は英語とは別のろう者独自の言語だと考えるようになった。一方、英語対応手話を支持するろう者は、それが社会参加の有力な手段であり、聴者社会で成功するためには英語対応手話が必須だという考えを強めていった。

当時を振り返ってハンフリーズは、自分の周囲のろう者はみな「論争がどうなっていくか気にかけ、相手の出方をうかがい、だれがどちら側につくかをみまもっていた」という。一方の帰結が英語対応手話への帰依とその広がりだとするなら、もう一方の帰結はアメリカ手話とろう文化という新しい概念のもとに、自らのアイデンティティを模索する方向だった。

彼らは彼ら自身のなかで論争をくり広げた。「ASLとは何か?」「だれがろう者なのか?」「ろう文化というようなものがあるのか?」。それらはいずれも感情論になりやすい政治的なテーマだった。そしてろう文化を強調するために、「ろう」(Deaf)を大文字で書くことが提唱され、ろう文化をめぐる議論は盛りあがったが、ではろう文化はいったいだれのものなのか、何をさすというのだろうか?

(同 p.131)

もっとも激しく議論されたテーマは、ろう者とはだれかということだった。手話を使うのがろう者だというなら、その手話とは何かをめぐって議論はつねに紛糾する。ネイティブ・サイナーだけがろう者ではない。アメリカ手話を使うのがろう者だといっても、ハンフリーズのように大学に入ってから手話を身につけたものが、ろう文化を共有する仲間といえるのだろうか? 中途失聴者は? 手話を使わない難聴者は? ろう者より流暢な手話を使う聴者はどうなるのだろう?

ろう者社会の論争は、手話の中身をめぐって、そしてまた手話がもたらす文化の有無や中身をめぐって、さらには文化を構成する成員、他文化との境界、聴者社会とのかかわり、はては他のマイノリティ文化や障害者運動、公民権運動との関係をめぐってはてしない議論へと発展し、ときに混乱を広げていった。

こうした議論を進めることによってアメリカのろう者は独自の言語と文化をもつマイノリティとしての自覚と自立を進めていった。その過程で、ろうを表す「デフ」は頭文字を大文字にして「Ｄｅａｆ」と表記されるようになった。「ｄｅａｆ」が「聞こえない」ことを意味するのに対し、「Ｄｅａｆ」には独自の言語と文化をもつ固有の言語文化集団という意味がこめられるようになった。

ろう者とはだれか、ろう文化とは何かをめぐる議論は、今日なおさまざまな形で展開されている。パッデンらは、ろうであるということはろうの歴史を共有することと深く結びついているという。ろうの歴史とはすなわち、手話とろう者が「消滅の危機に直面してきた歴史」でもあった。そのような歴史を生きのびた人びと、手話という言語を共有する人びとのあいだで、ろう文化ということばは今世紀になり定着し、一般名詞になったといえるだろう。

ろう文化は、数ある少数言語が生みだす文化のひとつとみることができる。しかし他の少数言語グループと明らかに異なるのは、医療との接点でその輪郭を際立たせることだろう。

> ろう児は手話に触れることなく育つべきだと信じる一群の人びとがいるが、彼らの対極にはろう文化というものがある。聞こえないということに対して、医療側はつねに医者こそが専門家であり、彼らが対処すべき問題だと信じて疑わない。けれどそうした治療的な対処やリハビリテーションの方向とはまったくちがったところに人間は存在しうると、ろう文化はいっているのである。（同 p.162）

言語学者であるパッデンは、言語学のような文化と言語に関する研究は、われわれ人間がいかに似ているかではなく、いかに異なっているか、異なっていながらもその差異に適応してきたかをあきらかにし、学問としての使命をはたしてきたという。

そのような議論を進め、アメリカ手話というろう者の自然言語を誇りとするようになったアメリカのろう社会は、手話と音声語の「共通性の確立」をめざす日本のろう社会の本流からみれば、ずいぶん遠くにまで歩を進めたのではないだろうか。手話という言語に対する基本的な立場のちがいが、あるいはそうした立場のちがいを真に議論したかどうかが、それぞれの社会におけるろう社会の、そしてまたろう教育の今日のあり方に反映されていると私は思っている。

1　邦訳は、パディ・ラッド、トム・ハンフリーズ『「ろう文化」の内側から――アメリカろう者の社会史』（森壮也、森亜美訳、明石書店、二〇〇九）。本書は拙訳に拠る。

先端の手話言語学

「子どもの言語発達の研究で、言語を覚えるということは単語を覚えることと思われているようですが、それは言語の本質じゃないんですね」

心理学、ことに子どもの言語を研究する発達心理学では、単語がよく研究テーマになるという。しかし言語学者の目からすると言語の本質はそこにはないと、慶應義塾大学教授の松岡和美はいう。

「単語レベルの研究をしてもだめなんです。少なくとも文法の研究をしたことのある人だったら、文法こそが人間言語の本質だということが当然の前提になっている」

単語を覚えるだけなら、ゴリラのような類人猿でもできる。けれどゴリラは単語を規則に沿って自由自在に並べることはできない。つまり文章が作れない。子どもの言語発達も、いくつ単語を覚えたかをみるのではなく、子どもがいかにして複雑な文法を獲得するかにあるのではないか。そのように考える言語学者からみると、手話についてこれまで日本で行われていた議論や研究のほとんどは、表面をなぞるだけで核心に迫るものではなかった。

たとえば手話についてはこれまで語彙が少ない、同音異義語が多くて紛らわしいというようなことがよくいわれていた。けれど手話はほかの言語とおなじく、新しい単語を無限に作り出すことができる。単語の数、語彙が少ないことは本質的な問題ではない。そもそも手話の単語が少ないという人は、手話を日本語との比較でしかみていないので、そこには相当な見落としがあることになる。

手話について考えるべきことは、たとえば語彙レベルでいうなら、一見単語が少なく同音異義語が多いようだが、それできちんと意味が伝わっているのはなぜかということだ。少ない単語をまちがいなく使い分けている、その奥には何らかの規則があるのではないか。そう考えて、手話のなかにひそむ規則、すなわち文法を解明するのが言語学者のたいせつな仕事のひとつだろう。

日本の手話言語学の最先端を歩む松岡は、二〇〇〇年代後半から、多くのネイティブ・サイナーとともに日本手話の研究を進めてきた。もともとアメリカで理論言語学と言語獲得について学び、その途上で手話言語学に出会っている。確実な学問的基礎をふまえ、訓練された目で日本手話の解明に取りくんでいる最初の言語学者のひとりといえるだろう。

その松岡にとって、日本手話は「宝の山」である。ほかに研究している専門家がほとんどいないし、とりくむべきテーマは山ほどある、日本のろう者とともに研究を進めることで、学問的な新発見を次々に蓄積しているという感覚。それは研究者にとって、何ものにも代えがたい充実感をもたらしていることだろう。

その一方で、未踏の地を行く研究者のだれもが負う苦労もまた引き受けなければならない。先行研究がほとんどなく、すべては一からはじめなければならないからだ。おまけに手話は従来の言語学では解明できない、ユニークな構造を随所に備えている。

たとえば、手話にはCL（Classifier、類別辞）と呼ばれる手の形、動かし方がある。一例として、「車」という語のCLをみてみよう。手話には「車」をあらわす単語が別にあるが、会話のなかではしばしば、「車」はそれとは別のCLという手の動きで示される。この「車」のCLは、手のひらを甲を上にして差しだした形か、または机の上においた書類の「厚さ」が「これくらい」というときの、ものをはさむような手の形で表される。その手の形の向きや動かし方を変えることで、CLの「車」は、車がどう走っているか、道路が渋滞しているかどうか、駐車したときのようすなど、単数複数の車にまつわる状況を自在に表すことができる。複雑な交通事故も、CLを使えば音声語ではとてもまねのできない再現描写を可能にする。

CLは、一見ジェスチャーのようでもある。けれどじつはかなり奥深い手話表現だ。たとえば「ボール」というCLの表現ひとつをとっても、野球のボールとバスケットボールではCLの表現形がちがう。「大きなボール」を大きな輪を描いて表したら、それはジェスチャーにすぎない。両手でつくる輪に、ちょっと力んで外側に広げる動作を加える、それがCLの「大きなボール」だ。このあたりの手の形や動きの精妙な修飾は、ネイティブか、それに近い手話使いでないとぴたりと使いこなすことはできない。

ネイティブは違和感なくできるのに、ノン・ネイティブがするとどこかちがう。そこにはかならず何らかの規則性が潜んでいるはずだが、CLの研究ははじまったばかりで、その研究は世界的にも発展途上の段階にあるといわれている。

インタビューのなかで、松岡は手話言語学の研究の先端をさまざまに語ってくれたが、なかでも興味深かったのは比較構文をめぐるエピソードだった。

「たとえば、田中は山田よりも背が高い、というとき、日本語だったら、「よりも」と付きますよね。田中は山田よりも五センチ背が高い、というふうに、数字を入れて表すことができて、これは意味論ではとてもよく研究されている構文です。ところが日本手話では、比較構文らしきものが出てこないんです」

少なくとも日本手話には、日本語の「よりも」に対応する語や文のしくみがない。田中と山田を示す手話が空間に示されるが、そのときすでに両者の位置関係で背の高さのちがいが示され、文章は終わっている。

田中が山田よりもカレーをたくさん食べた、というときもやはり「よりも」はない。そして食べたカレーの量が多いか少ないかで示されている。おまけにどちらの場合も、田中と山田の語順は決まっていない。これは手話には比較構文にあたるものがなく、ジェスチャーのような表現をするということだろうか。

「それで私はろう者に質問したんです。ジェスチャーじゃ表せない比較、たとえば田中は山田よりも仕事ができる、という文章。それはどうするんですかと聞いたら、そういうのを表す方法はない、といわれて」

背の高さやカレーの量は、ジェスチャーで表現できる。けれど仕事ができるかどうかは、ジェスチャーでは表現できない。そこが、ジェスチャーと言語を分ける境界になるはずだ。ところが手話にはそんな表現がないという。

おかしい。そんなはずはない。そう思って、松岡はさらにあれこれと尋ねてみた。するとろう者のひとりが、そういえば、といって教えてくれたことがある。

「前に会社に勤めていて、聴者からメールをもらってとても困ったことがある、というんです。仕事の説明をされ、あとで「説明はどれくらいわかりましたか？」ってメールで質問されて、その意味がまったくわからなかったというんですね。三〇パーセントわかったか、七〇パーセントわかったか、そんなのわからない。じゃ、ろう者はなんていうんだと聞くと、ぜんぶわかったか、ぜんぜんわからなかったか、半分わかったか、その三つしかないと」

え、と再度聞いても答は変わらない。それで十分ではないか、とそのろう者はいうのである。これは音声言語とはちがう。というより、ろう者のものごとを認知する方法が、聴者とまったくちがうということなのだろうか。

たしかに、厳密に考えれば説明を三〇パーセント理解しているというのは、半分理解しているのとどうちがうのか、答えることはむずかしい。どうして半分ではなく七〇パーセントなんていえるのか。ろう者にしてみれば、逆にそこを教えてもらいたいというかもしれない。

けれど言語学者としては、うーん、と頭を抱えてしまう事態だった。手話にはものごとを比較する文章がないのか、作れないのか。

「手話の比較構文は、音声言語の比較構文の分析がほとんどあてはまらないんじゃないか、と思ったんですね。この研究は無理かなと思いました」

ほかのトピックについての研究は進んでいたが、比較構文は見通しが立たなかった。二〇一〇年ごろのことである。けれどそのとき、別のネイティブ・サイナーが再び、そういえば、と教えてくれたことがあった。

「口形の話が出てきて、値段が高いとか安いとか、意味がプラスのものとマイナスのものとで口の形が変わる、ということを彼女は観察していたんです。もうそんなの、思いもよらない現象でした。おもしろいので観察を進めていったら、わりとコンスタントに出てくるんですね。高い安いだけじゃなくて、いろんなペアで。それもわりとたくさんのろう者にみられるパターンだったんです」

新発見のカギは、手の形ではなく、口の形にあった。

ものの値段が「高い」とき、手話はふつうに「高い」と表現する。しかし、「ものすごく高い」というとき、手話は「ものすごく」という形容詞の代わりに、「ホ」という口形がついている。反対の、「ものすごく安い」というときは、「ヘー」という口形がついている。

ホ、ヘー、などというと、つい音声日本語の感嘆詞を思いうかべてしまうが、それとはまったくちがう。この口形は、高い、安い、大きい、小さいなど、「段階的にプラスからマイナスへ、あるいはマイナスからプラスへと変化する」状態の、「程度がはなはだしい」ことを示すとき、手話と「共起する」形で現れるのである。

「そんなの、音声語じゃ聞いたことがないですね。形容詞の意味がプラスだったらこう使うなんていうことは。音声語では、ほおー、とか、へえー、すごいですね、などということはあるけれど、形容詞の意味によってそれが変化するなんてことはない。高くても安くても、へえ、じゃないですか。それはもうびっくりしました」

まとめてみると、こういうことになる。
日本のろう者の手話には、日本語の比較構文に相当する構文が見当たらない。しかしその一方で日本のろう者の手話には、状態のはなはだしいときに現れる口形という、独自の表現がある。しかもこの口形には「ホ」と「ヘー」の二つがあり、日本語の「ものすごく」とは使われ方がちがう。プラス方向とマイナス方向でちがう口形が使われるということは、日本語の「ものすごく」よりも複雑な、洗練された使い方ということもできるだろう。それがネイティブ・サイナーの手話に共通してみられるということは、この口形が文法化され定着していることを示している。

このようなしくみは、日本語を基準にして手話を見つづけているかぎり、容易には解明できない。日本のろう者の手話は、表面的には日本語に似ているようでいながら、一歩踏みこむと日本語の感覚ではとらえきれない構造を備えているのである。

人間の言語はこんな形でも存在するのかという松岡の驚きは、「日本手話の口形に見られる極性表現」として二〇一一年の日本言語学会で発表され、その二年後には国際学術誌にまとまった論文として掲載されている[1]。

そうした経験を何度かしていると、手話というのはたんなる「手のことば」ではないと、つくづく思うようになる。NMM（Non-Manual Markers、非手指動作）という、手の動き以外の指標、すなわち口の形であったり、視線の使い方、眉の動き、顔の上げ下げやうなずき、ついには上体の傾け方にいたるまで、そのすべてが手話の文法的なしくみとして重要な働きをしていると捉えられるようになる。

「だから手で表されているのはほんとうに、極端にいえば半分以下の情報ですね、文法上の。手話は、手だけ見ていたらたしかにこれは文法の足りない言語だと思ってもしかたがない。それ以外のものを聴者は見過ごしているんですね。音声語はNMMなんて使いませんから」

音声言語で、手話のNMMに近い要素はイントネーションかもしれない。しかしイントネーションで伝わる情報は、手話にくらべて圧倒的に少ない。音声語は「音」という一次元の情報でしか伝わらないのに対し、手話は三次元の空間で同時に多くの「映像」情報を伝えるからだ。この桁ちがいの情報量の前で、音声語になじんだ聴者はあちこちで必要な情報を見落としているにちがいない。

手話言語学の研究はアメリカがとくに進んでいるといわれ、論文の数も圧倒的に多い。けれどそれはもっぱらアメリカ手話についての研究で、日本手話の研究はまだはじまったばかりだ。学問的にはだれも踏みこんだことのない未開の地で、松岡は仲間とともに新たな発見の日々を送っている。

「それが私、もう楽しくてしょうがないんです。いま自分が励まされるのは、ろう者でとても頭のいい人がたくさんいて、真剣に言語学を勉強しているということですね。ろう者はそんなに教育レベルが高くないから、言語学なんかできるわけがないという人がいましたけれど、そんなのはウソですね。論理的な分析能力の高い人がいっぱいいる。これならできる、と思っています」

聴者である松岡は、自分だけで手話の研究はできないことをよく知っている。そのため多くのネイティブ・サイナーと共同研究を進めてきた。最近、彼らが手話についての自分の観察をまとめ、言語学者のところにもってきて議論するようになったことを「新しい動き、ニューウェーブ」と高く評価している。研究の輪は、ここ数年で一気に広がってきた。そうした研究の成果は、日本手話についてのはじめてのまとまった文法書として二〇一五年に出版されている。[2]

手話はかつて、「〝てにをは〟がない」とか、「文法がない」、「語彙が少なく、教育には使えない」などといわれてきたが、今日の手話言語学はそうした素人の憶測、というよりは思いこみ、錯誤のレベルをはるかに超え、ろう者と聴者の学術的な協働によって言語科学の世界に飛躍しようとしている。[3]

1　Matsuoka Kazumi and Jon Gajewski, The polarity-sensitive intensifier mouth gestures in Japanese Sign Language, *Journal of Japanese Linguistics* (2013) 29, pp.29-48

2　松岡和美『日本手話で学ぶ手話言語学の基礎』くろしお出版、二〇一五。

3　こうした手話言語学の研究は、通常デフ・ファミリー出身のろう者、ネイティブ・サイナーの手話を対象としている。日本語のような音声語の世界ではネイティブが圧倒的多数派だが、手話の世界ではネイティブはかなりの少数派で、一般に目にする多数派のろう者、ノンネイティブの手話がかならずしもこのように学術的に記述された文法法則にしたがって表現されているわけではない。しかし、それはネイティブの手話が社会で使われるものとして規範的に正しく、ノンネイティブの手話が規範的にまちがっているというようなことでもない。言語はすべて、それを使うものの形において尊重されるべきだからだ。さらに、いうまでもないことだがこれはすべて日本手話についての研究であり、日本語対応手話にこのような文法構造を見いだすことはできない。

手話はローコンテキストか

言語の文法や統語のしくみを調べる理論系の言語学者にとって、言語はその背景にある文化や社会とは関係なく存在している。つまり言語は、それを使うものの学歴や貧富の差にかかわりなく、だれもがおなじ文法と統語規則に従っている。そのことを言語人類学者のサピアは、プラトンとマケドニアの豚飼いが「肩をならべる」といったのであった。

けれど言語が文化や社会と関係なく存在しているというのは、言語そのものについてのことであり、その言語が「どう使われているか」について述べたことではない。プラトンは高度な学習言語で人間の真理を語ったろうし、マケドニアの豚飼いはありふれた生活言語で身近な日常を語りつづけたことだろう。両者の言語はおなじ構造だが、その言語によって話される内容はまったくちがう。言語によって表現される内容は、話す人の文化的、経済的、社会的背景に強く影響される。

おなじひとつの言語内でもその使われ方はさまざまであるように、異なる言語であればそこにはさらにバラエティに富んだ差がみられる。手話と日本語はともに人間の自然言語という意味では等価だが、ろう文化を背景にした手話と、聴者の使う音声日本語は、意外なところで思いもよらない使い方のちがいが露呈する。そのちがいを踏まえていないと、ろう者と聴者の会話はしばしば誤解やすれちがいが生じてしまう。

それはどのような場面で起きるだろうか。明晴学園で開かれた「BBEDファミリー講座」という勉強会で、講師の岡典栄はこんな例をあげている。

「日本映画の一場面で、気のいい男の主人公がおばさんの家でご飯を食べています。そして台所に向かって、「おばちゃん、みそ汁残ってる?」って聞くシーンがあるんですね。さて、そこでおばちゃんはなんと答えたか」

ファミリー講座は、ろう児の親たちのために、NPO法人バイリンガル・バイカルチュラルろう教育センター、略称BBEDが開いている。ろう児の日本語習得を進めるうえで、家庭ではどんなことをすればいいか、なにができるかを親たちが学ぶ勉強会だ。四〇人ほどの受講生はほとんどがろう児の母親で、そのうち三分の一ほどがろう者である。このためふたりの手話通訳が交替で通訳にあたる。こういう場合の常として、ろう者は手話通訳が見やすい位置に一団となり固まっている。

「主人公の男が、「おばちゃん、みそ汁残ってる?」っていうと、おばちゃんは「あいよー!」って、お代わりのみそ汁をもってきます。それで、主人公は食事をつづけるんですね。でもこれ、おかしくないですか?」

会場からは反応がない。と思っていたら、ざわめいている一団がいる。ろう者の席だ。

「そうですね、手話だとこの会話はおかしい。ろう者のあいだではこういう会話にはならないんじゃないですか」

そうだ、そうだ、とろう者席の手が動く。

「みそ汁残ってる?　って聞かれたら、ろう者はまず、残ってるか残ってないか、それを答えますよね。お代りもってこい、なんていわれてないんだから」

そのとおり。ろう者がうなずくと、こんどは聴者の集団がざわめいている。え、ろう者はそう答えるの、と。

「聴者にとっては、これはあたりまえのやりとりです。つまり主人公はほんとにみそ汁が残っているかどうかを聞いているんじゃない。そしてまた答えるおばちゃんも、その問いに答えてはいない。すぐにお代わりを「あいよー」と運んでくる。これが日本語のやり取りです。相手のいわんとすることを察して会話が進む、〝ハイコンテキストの文化〟なんですね」

パワーポイントの画面には、「ハイコンテキスト文化」と「ローコンテキスト文化」という説明が映し出されている。

ハイコンテキストとは、文脈依存性が高いという意味だ。つまり一定の人間集団がその集団内の常識、暗黙の前提、生活習慣などを十分に共有しており、そのうえで会話が交わされている状況を指している。みそ汁が残っているかを聞いたとき、聞いた人の気持ちを察してお代わりを出す、それがハイコンテキスト文化だ。一方、ローコンテキスト文化は、そこで相手の気持ちを〝察する〟のではなく、まず聞かれたことに答えるから、返事はみそ汁が「残っている」か「残っていない」かになる。ことばの裏を読むのではなく、ことばのそのままの意味を重視する。あるいは、書かれたものだったら、ローコンテキスト文化は文章が伝える意味そのものを読みとり、ハイコンテキスト文化は文章に書かれていない、行間を読みとろうとする。

ハイコンテキスト文化は、日本文化がその典型とされる。察しの文化、などともいわれ、人びとはおたがいにいわなくてもわかる、あるいはわかったつもりになっていることが多い。「空気を読む」というのも、ハイコンテキスト文化の特徴だろう。ただし、察しの文化ではすれちがいや思いちがいも多々起きてしまう。

一方ローコンテキスト文化は、多文化と多人種が共生するアメリカやヨーロッパの文化がこれに相当するとされる。いわなくてもわかるのではなく、いわなければわからない。だから日本人からみると、自己主張の強い文化に映る。世界的にはこちらの方が主流かもしれない。

そして日本語と手話をくらべたとき、日本語はハイコンテキスト言語であるのに、手話はかなりローコンテキスト言語ではないか、というのがこの日のファミリー講座のポイントだった。実際、みそ汁の例についていえば聴者とろう者の反応ははっきり分かれていた。察しの文化は、ろう者には、あるいは手話の会話には通用しないかのようだ。

しかしこれは、ろう者と聴者が接する境界で日常的に起きている問題でもある。ろう者は日本語をみて、なんでこんなあいまいな言い方をするんだろうと思うし、聴者は手話をみて、なんでくどくわかりきったやり取りをするのかと思う。

よくあげられる例のひとつに、ろう者には「また会おう」が通じないという話がある。ろう者と聴者が会話し、別れるときに聴者が「じゃ、また会おうね」といったとする。ろう者は「またって、それはいつなんだ」と聞き返すというのである。聴者は、「また会おう」を「さようなら」の意味でいったのに、それが通じていない。ろう者からすれば、「また会おう」というのだから、それがいつかを聞くのはあたりまえ、ということだろう。

あるいは、「きょうだい、いる?」と聞かれたとき、聴者がたとえば「私は二人きょうだいで、妹がひとり、二歳下」などと答えると、ろう者はやはり違和感を覚えるという。きょうだいがいるかいないか聞いたのに、なぜその答を飛ばして人数や構成に先回りしてしまうのか、質問にはまず「はい」か「いいえ」で答え、そのあとで妹のことをいえばよい、というのがろう者の会話感覚らしい。だからろう者にしてみればこうした会話は、「きょうだいいる?」「いるよ」「何人?」「妹がひとり」「いくつちがい?」「二歳ちがい」と進むもの、とされているかのようだ。日本語とはちがう手話の会話のリズム感、やりとり感は、ろう者の日常感覚に深く根ざした、いわばろう文化の一部と説明されることが多い。

けれど、もしこうした会話がろう文化の反映なのであるとすると、私たちはかなり大きな問題に突き当たっているのかもしれない。なぜなら、そういう文化を身につけたろう児と呼ばれる子どもたちに、どうすれば日本語を的確に教えることができるのか、考えなおさなければならないからだ。ローコンテキスト文化の子どもたちに、ハイコンテキスト文化の感覚で日本語を教えようとしても、じつはわからないことだらけ、という結果になりかねない。「みそ汁残ってる?」の答は、手話では「残ってるよ」となるべきなのかもしれないのだ。

日本語はコンテキスト依存性が高い。だから、たとえば日本語の読解を進めるときは、文章の意味を正しく理解しただけでは十分ではない。ろう児は文章の行間まで読みとらなければならない。だから親や教師は、子どもたちの母語である手話が、日本語とはコンテキスト依存性に差があることを十分わかったうえで日本語教育を進めなければならない。これがこの日のファミリー講座のテーマだった。

とはいえ、手話がローコンテキストの言語だという見方に対し、私自身は違和感を覚えることがある。ほんとうにそうなのかと。手話がローコンテキストだというのは、手話という言語がこれまでにおかれてきた困難な環境の反映であって、手話話者もほんらい日本語話者とおなじように高度なコンテキスト依存性の文化、言語を身につけうるのではないかと思うからだ。

そうした見方を裏付けるようなエピソードが、この日のファミリー講座のあとで起きている。何人かの保護者が講座を終え、テーブルを囲んで昼食をともにしたときのことだ。みそ汁の話を思い出しながら、たしかに聴とろうでは会話のしかたがちがうと談笑していたときである。ひとりのろうの母親が、思いついたようにいった。

「でもそれ、ひょっとして私たちが受けてきた口話教育のせいじゃないの?」

ろう学校で、自分たちは先生の声の質問を読みとるのに精いっぱいで、とても質問の裏の意味や、いわれたことの行間などを考える余裕はなかった。

き・ょ・う・だ・い・は、い・ま・す・か。

口を大きく開けた先生が、ゆっくりはっきり質問してくる。目の前に迫る大きな顔に緊張しながら、質問をどうにか読みとって「はい」か「いいえ」を答える。するとまた大きな顔が迫ってきて、次の質問がやってくる。

な・ん・に・ん、い・ま・す・か……

えー、そんなことあるの、いや、そうかも、と、鋭い指摘に座が盛りあがる。

「そういう会話をくり返してきたら、手話でもそういう話し方になるんじゃないかな」

ろう児の親である岡本翠が、娘と口話で話しているときはたんなる「意味の伝達」でしかなかったが、手話になってから親子の話は「会話になった」といっていたことが思いだされる。口話のやり取りがとかく断定的になるのに対して、手話の会話は強くも弱くもあいまいにも、自在に形を変えることばのやりとりになる。口話があまりにも強いと、手話もまた口話の影響でローコンテキストになるのだろうか。

ろう者の母親がのべたことの当否はわからない。ろう者の手話は、ろう学校の口話ごときに影響されるほど不確かなものであるはずはないと思う一方で、どんなにしっかりした手話も、幼いときからの学校教育は底しれぬ影響を及ぼすものかもしれないとも思う。いずれにしても、ろう学校の生徒は口話を使うかぎり、かなりローコンテキストなやり取りを強いられるのはたしかだろう。

そのような親の世代にくらべ、生まれたときから手話の教育を受けてきた新しい世代は、まったくちがう言語環境におかれている。一般校に通う聞こえる子どもたちが、小さいときから日本語というハイコンテキスト言語になじんでいるように、手話を母語とする子どもたちもまた集団で学ぶなかで、従来よりはるかにハイコンテキストな言語の運用環境におかれているのではないだろうか。

明晴学園で手話科を担当する森田明は、子どもたちの手話はかつて想像もできなかったほどに発達しているという。

「むかしは、あ、こんなことばも使うようになった、かわいいなっていう程度でした。いまは小さい子も語彙が多いし、話している内容もいろんなことをきちんと話している。私が小さいころは、なにかあっても「わからない」っていうだけで、その先を考えなかった。いまの子どもたちは「わからないから、どうしよう」とか、「わからないのは、どうしてだろう」と、子ども同士で話しあっています。これまでの積み重ねっていうことももちろんあるけれど、言語面で発達しているんだなあって思います」

おなじく手話科を担当している赤堀仁美も、乳児の段階で手話を獲得した子どもたちは、豊富な語彙でおとなびた表現をするようになったと感心する。たとえば以前は「なんで?」という手話を四、五歳で使いはじめた子どもたちが、最近は二歳でも使うようになったし、小学部高学年だと、自分がその年ではけっして使わなかった高度な手話表現をするようになったという。あきらかにろう児全体の言語レベルはあがり、しかもそうしたレベルアップは低学年から起きている。

これまでしばしばいわれてきたように、手話が本当にローコンテキストな言語かどうかは検証の余地があるだろう。すくなくとも、新しい世代がおとなになったとき、彼らの手話は従来とは相当使い方のちがう言語になっているかもしれない。最初から手話の教育を受けてきた明晴学園の中学部の生徒たちは、すでに先生を超えるレベルの手話を使うことがあるという。これからの課題は、子どもたちではなく、先生の手話のレベルをどう上げるかだと、教員のあいだでは冗談とも本気ともつかぬ会話が交わされている。

ジョイスに手話を

ことばとは何かについて、まったく新しい視点から問いかけてくれた作家のひとりが、リービ英雄だった。

元スタンフォード大学の日本文学教授で、万葉集の英訳も手がけたリービは、本人の言によれば日本人と「人種を異に」する。生まれはアメリカだが、日本に住んで英語と日本語のネイティブとなり、文学者となった。そのリービが、『日本語の勝利』という一文で日本語についてこういっている。

> 外からやってきたよそ者は、日本社会の多くの場で門前払いという苦い経験を味わうのだが、もしその人に少しでもコトバに対する感受性と冒険心があれば、日本語だけは門前払いを食わせない、日本語だけは話し手や聞き手、あるいは読み手や書き手の人種を問題にしないということを発見するのだ。日本人と人種を異にした者でも、日本語へすなおに近づきさえすれば、日本語はきちんとその豊かさを分けてくれるのである。日本語はいつの間にかよそ者の、色の違った肉体にもしみこみ、その感性を根本から揺るがし、ついには新たなものにする、というのはけっして私ひとりの体験ではないはずだ。[1]

この文章が書かれた一九九〇年は、日本の国際化が急激に進み、日本人が「外」の世界を強く意識しはじめた時期である。その一方で、どんなに国際化が進んでも、日本語だけは日本に生まれたものでなければわからない、という古い常識が根強く残っていた。けれどその常識は、「外からやってきたよそ者」がいったん日本語のなかに入りこめばもう通用しない。日本語はだれにでも開かれた無私のことばなのだ。そのことをリービはことばを使うものとしてのべ、「日本語は日本社会へのただ一つの潜り戸に思われることさえある」といっている。

日本にあるほかの大部分のことは、日本に生まれたものでないとわからないかもしれない。たとえば暑い夏の日の夕方、冷やした豆腐を切ってカツオ節をふり、醬油をたらして口に入れるときの感覚は、まさに私たちの身体にしみこんでいて一生消えることはない。あるいは消すことができない。これは日本に生まれなければわからないこと、かもしれない。

けれど日本語はそうではない。ことばに対する「感受性と冒険心があれば」、そしてそこにあることばに「すなおに近づきさえすれば」、だれでも日本語のなかに入り込むことができる。日本語のなかでは、人種や肌の色、国籍や文化のちがいは消えてゆく。それは日本語だけではなく、英語でも中国語でも、また手話についてもそのままいえることであるにちがいない。そのことを「コトバ」使いであるリービが指摘したとき、私のなかにあった、日本語は日本人でなければわからないという古い常識は消えていった。いや、ことばそのものについての捉え方が変わってしまったというべきだろう。

私のなかで、古い常識のあとに現れた感覚とはなんだったのだろうか。

文学者でもなく言語学者でもない私にとって、それを言い表すことはむずかしいが、しいていうなら「言語は開かれている」という感覚だろうか。日本語は日本人でなくてもいい、日本に生まれなくてもいい、だれに対しても開かれているということ。日本語は、だれのものでもあり、だれのものでもないということ。あるいは言語はひとりひとりの身体のなかに閉じた形で保存されているというのに、その身体性を裏切って外の世界に自動的に開かれ、外の世界と「通じてしまっている」という感覚。そのとき私は、言語を操っているというより、言語に操られているという感覚を覚える。日本語は私のものでありながら、私のものではない。

そうした捉え方のもとで、私は言語というものがつねに開かれているのであれば、それはかならず手話についてもいえることではないか、と考える。そして、手話はろう者のことばであり、深くろうという身体性に根ざしているという捉え方に疑念を抱いてしまう。手話はろう者の専有物ではないし、ろう者にしかわからない言語ではない。もしも手話に対する「感受性と冒険心があれば」、そして手話に「すなおに近づきさえすれば」、手話は「よそ者」に対してもかならず開かれているはずだ。そのよそ者が、ろうか聴かを問うことはないだろう。そして手話を「ただ一つの潜り戸」として、私たちはろう社会に入っていくことができるかもしれない。

と、ここまでいうと、少なからぬろう者はそれは暴論だというだろう。ろうでないものが、ほんとうに手話を使うことはできないし、ましてろう社会に入れるわけがない。白人が黒人を理解できないのとおなじように、聴者はろう者を理解できない。あるいは、理解できると主張することがすでに多数派聴者の横暴であり、パターナリズムであり、新たな植民地主義の表明だというかもしれない。

けれどここで私がいっていることは、聴者がろう者のようになれるということではない。そんなことはありえない。そうではなく、手話という言語は、ろう者にも聴者にも等しく開かれているのではないかということだ。手話が人間の自然言語のひとつであるなら、なぜ手話はいまなおひろく聴者社会に認知されていないのかということなのだ。それは手話が開かれていないのではなく、手話を外の言語世界に開くしくみがないからではないか、という疑問なのである。

そのしくみには、いくつもの可能性が考えられる。手話人口が増え、人間社会のさまざまな領域で手話が使われるようになれば、手話という言語はいまよりはるかに多様多彩な表現を蓄積するだろう。そうした蓄積は音声語との相互交流を促し、コトバ使いの感受性と冒険心を刺激するにちがいない。そして手話は外の世界に流れ出し、また外の世界の言語が手話に流れ込み、そこにことばの豊饒の海ができる。手話と音声語の境目では、異文化の接触による新しい文化が渦のように生み出されるにちがいない。手話が開かれるにしたがって、そうした流れは加速されるだろう。そして手話はろうという身体性からも解放される。

あるいは、手話人口がふえる代わりに、個々の手話話者がことばに対する感受性と冒険心をさらにゆたかなものにしていくという方向もあるかもしれない。生活言語としての手話を学習言語に高めるだけではなく、より多様な表現をめざして手話の使い方を耕していくことだ。もしも手話にそうした使い方が乏しいのであれば、それを音声語からいくらでも借りることができる。たとえば言わないことによって言うこと、言ったことを直ちに否定して別の含意を伝えること、寓話によって真実を語り、真実を語って世界の存在そのものを寓話にしてしまうこと、さらには現代詩のように、ことばのアクロバチックな使い方で言語の、いや意識の壁を打ち破ること、などなど。

そうした使われ方が、手話にないはずはない。無数にあるはずなのだが、少なくともそうしたことがこれまでほとんど音声語に翻訳されていない。手話には、たとえば手話詩や手話ポエムとよばれる表現活動があり、アメリカを中心に優れた作品が数多く記録されているが、英語の翻訳はまずみかけることがない。日本でも手話詩を手がけるろう者はいるが、日本語の翻訳を目にすることはない。結果として、手話はあたかも閉ざされた言語として映ってしまう。

手話に文字がないということが、表現の幅を狭めているのだろうか。しかし音声語でも、アイヌ語のように文字のない言語はいくらでもあり、そうした言語を使う人びとは、たとえば口承伝承のような形で言語の別の輝きを伝えている。また手話に文字がないといっても、いまは映像での記録がかんたんにできるようになったのだから、記録性のないことがかならずしも言語表現を狭めているとはいえないだろう。

手話が閉ざされている、あるいはそうみえるのは、翻訳者の問題であるのかもしれない。優れた手話の翻訳者が少ないということ、あるい翻訳者が手話から音声語への翻訳はできないとあきらめていること、また翻訳をためらっているろう者がいることも一因かもしれない。

手話話者がもっとふえること、ひとりひとりの手話話者がその使い方を広げてゆくこと、多くのすぐれた手話通訳が出現すること、ろう者が音声語へのすぐれた翻訳をしてくれること。あれこれの可能性を夢物語のように考えるとき、私のなかにはそうしたことをすべてを超えて、やはり手話の文学がほしいという思いがわきあがる。言語というものが、その究極の形で開かれるのは文学ではないか、と思うからだ。

たとえばジェイムズ・ジョイスのような作家が手話で作品を残していたなら、手話はこの世界でいまとはまったくちがった地位を占めていたのではないだろうか。アイルランド生まれのジョイスは英語で作品を書いたが、英語という言語の限界を超え、ときに文法も文体も無視した遊び、ことばへの「感受性と冒険心」にみちた著作を世に送りつづけた。そのように言語を使うことで人間を描き、二〇世紀最高の文学作品を残している。

代表作『ユリシーズ』は、ダブリンの町を彷徨するひとりの青年の一日を描いた大作だが、幻想的でリアルな意識の流れがとりとめもなく広がり、はじまりも終わりもないことばの連なりとして書きつづられている。

ぼくもこんなだった。この撫で肩。このぶざまな恰好。ぼくの少年時代がいま隣でうつむいている。あまりにも遠すぎてほんの軽く手を添えてやることさえできない。ぼくの少年時代は遠い彼方。彼のは秘密を隠している、ぼくらの目のように。二人の心の暗い宮殿には、さまざまな秘密が黙りこくったまま石のようにじっと坐っているのさ。自分たちの専制に飽きた秘密どもが。王座から引きずりおろされるのを待っている暴君たちが。[2]

たとえばこのような文章。ジョイス特有の陰りをおびた、静謐で不穏な空気が満ちた一節を、練達の日本手話使いはどのように表現するだろうか。あるいは反対に、もしもジョイスのような感性の手話使いがいたならば、このような文章をそもそもどのように手話で構想し、表現するだろうか。そしてそれはどのように英語に、あるいは日本語に翻訳されて、私たちのもとに伝えられるだろうか。

ジョイスの文章は、英語ネイティブでないと到底わからないともいわれる。それを日本語の翻訳で読んでいるとき、私たちは原文をはるかにはなれ、ただ表面をなでているだけかもしれない。けれどあらゆる文学は、ことばの壁を乗り越えあふれ出るものをもっている。あるいは、それを受けとる読者をみいだす力をもっている。

お聞き。ささやくのよ。お姉さまの言うとおり。あたしたちはプーラフーカの滝のほとりに育ったの。あたしたちは物憂い夏の日々に影を与えたの。[3]

文学は、私の物憂い季節のない日々に影を与えてくれる。それは手話の文学によってもおなじように可能であるはずだ。けれど手話は、いまだにことばの壁を越えてあふれ出てくる文学を生みだしていない。いや、そのような文学はかならずあったはずだというのに、それが音声語の世界に届けられていない。そのことが、手話という言語をいまだに「不完全な言語」とみる理不尽なまなざしを払拭できないでいるのではないだろうか。

リービ英雄は『ユリシーズ』を高校生のときに読んだという。そして主人公がダブリンの昼と夜を歩きつづける描写に「惚れこんでしまった」といい、こう述懐している。

ジョイスの幼稚な読者であったぼくは高校を卒業してから横浜に住むようになった。横浜から家出をして、はじめて夕方のお茶の水や夜明け前の新宿を歩くようになった。そして日本文学が読めるようになる前に最も愛読していた本の「描写」がときどき頭に浮かび、六十年前の都会をさまよっていた一人のユダヤ系アイルランド人の「歩く男」の話を、異境の広場と路地の中で思いだすこともあった。[4]

ジョイスの作品は数えきれないほど多くの人びとに読まれ、影響を与えてきた。そしていまなお多くの人びとに影響を与えつづけている。そのジョイスがもしろう者でアイルランド手話の使い手であったなら、手話のユリシーズを作っただろうか。考えるだけむだかもしれない。けれどももし手話で言語の壁を超える文学が生みだされていたならば、手話は音声語の世界にいまよりはるかに開かれた言語として認識されていたのではないだろうか。

手話にまつわる議論は、しばしばニワトリと卵の議論になる。手話という言語の社会的な認知が進まないのは、手話話者が少ないからだ、いや、手話話者が少ないから社会的認知が進まないのだというぐあいに。あるいは、手話をきちんと使える先生がいないから、手話の教育が進まないのだ、そうではなく、手話の教育が進まないから、結局手話をきちんと使える先生が育たないのだというぐあいに。

手話言語と文学も、おなじ議論になるかもしれない。そんなことは議論以前の空論とされるだろうか。それでもなお、私はろう者と手話を信じて願わないではいられない。手話の文学を、手話のジョイスを、手話のプルーストを、と。そのとき手話は、真の意味で音声語とおなじ地平に立つことができる。手話は、掛け値なしにそれだけの可能性をもった言語なのだから。

1　リービ英雄『日本語の勝利』講談社、一九九二、二一頁。
2　ジェイムズ・ジョイス『ユリシーズ Ⅰ』丸谷才一・永川玲二・高松雄一訳、集英社文庫、二〇〇三、七六頁。
3　ジェイムズ・ジョイス『ユリシーズ Ⅲ』丸谷才一・永川玲二・高松雄一訳、集英社文庫、二〇〇三、三六〇頁。
4　リービ英雄『日本語の勝利』講談社、一九九二、一〇頁。

五　手話言語の試練

サケのピリカ

もう一度、手話の学校の教室にもどってみよう。私たちはすでに小学部一、二年生クラスの朝の会と、三、四年生クラスの社会科の授業をみてきた。こんどは小学部六年生の日本語科の授業である。日本語科は、日本語を第二言語として学ぶ子どもたちの科目だ。明晴学園のろう児は手話を第一言語としているので、日本語は第二言語、いわば外国語にあたる。だから日本語の学習も国語とはちがった形で進められるので、そこをはっきりさせるために「国語」ではなく「日本語科」と呼んでいる。[1]

この日の授業は、『ピリカ、おかあさんへの旅』（越智典子・文、沢田としき・絵、福音館書店、二〇〇六）という本の読解だった。これは国語の参考図書としてあげられている絵本で、ピリカという名の、擬人化されたサケの一生を描いた作品である。日本の川で生まれたピリカが、広い海で四年たっておとなのサケに成長し、ふたたび生まれ故郷の川をめざして苦難の旅をつづけ、産卵を終えて自然にかえるまでのドラマが綴られている。一般の小学六年生にとっては読みやすい本かもしれないが、日本語を第二言語とするろう児にとってかならずしもやさしい本ではない。聞こえる子であってもこれを英語で読むことを考えれば、そのむずかしさが推測できるだろう。

六年生の児童六人が半円形にすわった教室の前にはモニターがおかれ、パワーポイントで絵本の文章がつぎつぎと映しだされる。

海は、大きな　家でした。

数えきれないほど　たくさんの　さけが　います。

大きくなったピリカが、群れとともに海で暮らしているシーンだ。原文は「海《うみ》は、大《おお》きないえでした。かぞえきれないほどたくさんのさけがいて、……」となっているが、授業に合わせてフリガナを取り、仮名を漢字にしてところどころ分かち書きにするなど、書き換えている。ろう児にはその方が理解しやすいからだ。

「これは？」

担任の松山樹里が、一行目をさして尋ねる。子どもが手話で答える。

「海はとても大きく、とても広いです。家みたいに」

となりの子が補足する。

「ピリカから見たら、海面の下はみんな家で、海面の上は外の世界だと思ってるんだと思う」

「なるほどね。じゃ次は」

指さされた子は、次の行の「数えきれないほど」という日本語がすっと頭に入らない。

「あれ、わからない。数え、ない？　ああ、数えきれないくらい、たくさんいるっていう意味だ。数えきれないくらいたくさんのサケがいる」

引っかかりはしたが、翻訳された手話は原文を正しく反映している。

こうして先生と児童は本の中身を一ページずつ、一行ずつ、読みとっていく。

ピリカは「お母さん」と呼んでみました。
さけは　お母さんを　知らずに育ちます。
けれども　夢では　お母さんが　そばにいた気が　するのです。

四歳になったサケのピリカが、「夢」から目覚める場面である。サケが生まれ故郷の川にもどるのは帰巣本能の働きだが、絵本ではそれが、おとなになったピリカがある日、「生まれたばかりの卵だったころの夢」を見て、なんだか「なつかしい匂い」をかぐ経験として語られる。夢から覚めても「お母さんがそばにいた気がする」ので、ピリカはお母さん、と呼んでみる。やがて「だれかが呼んでいる」という思いにつき動かされ、仲間とともに故郷の川に向かうという話だが、かなり抽象度の高い概念だ。

一行目を指さしながら、先生が立ちあがってホワイトボードに一部を書きだす。まずこの行の日本語を、正しく読みとらなければならない。

呼びました
呼んでみました

この二つはちがいますね？　先生の問いかけにひとりが答える。

「右のは「呼ぶ」で、左のは「呼んで、見る」」

え、見るの？

外国人が日本語を学習するとき、よくあるまちがいだ。

ちょっとちがうんじゃないかな。別の子が答える。

「右のは「呼びました」で、「呼んでみました」の「みました」は、試す、ってことです」

そうですねといいながら、先生があらためて問題の行を指さす。

この行は、前後の文脈に照らして何をいおうとしているのだろうか。日本語の意味がわかったら、次はその行間を読みこまなければならない。

絵本の前のページには、ピリカが夢を見るシーンが描かれていた。その夢から覚めて、ピリカはわれ知らず「お母さん」と呼んだのだった。それはどういうことなのだろう。

「ピリカが目を覚ましてあたりを見まわしたとき、そこにお母さんはいましたか？」

先生が聞き、全員が「いない」と答える。

「いないのに、なんで呼んだんでしょう？」

ひとりがさっと手をあげる。

「ピリカは夢のなかで誰かに呼ばれた気がして、目を覚ましました。その誰かがお母さんだと思って、呼んだんだと思います」

もうひとりが、うーん、それはね、と考えながらいう。

「なんていうか、夢と現実が混ざってそう呼んだんだと思います。夢のなかにはきょうだい（のたくさんの卵）がいて、ピリカは誰かに呼ばれたような気がした。実際に呼ばれたんじゃなくて、夢のなかで。

それで、あれがお母さんじゃないかって思って、呼んだんだと思います」

では、サケがお母さんを知らないのはどうして、と先生が聞く。

「卵で生まれて育つから」

答える児童のとなりで、「産んだらすぐに死んじゃうから」と別の手が動いている。さらにとなりの子がいう。

「知らないのは、魚の場合、お母さんは卵を産んだらすぐ死んでしまうから。赤ちゃんは小さな卵なので、お母さんを知らずに育ちます」

三人の答を、先生がまとめる。

「サケのお母さんたちは、川で卵を産んだら力つきて死んでしまいます、みんな。卵がかえるのを待って育てることはできません。小さな卵は自分で生きていくしかないんですね」

「だからパクパクたくさん食べて大きくなるんだ」

横の方で応じる子がいる。

けれども　夢では　お母さんが　そばにいた気が　するのです。

では次の人。

「お母さんは夢のなかで、近くにいたようだった」

答える児童のやや不確かな手話を見て、先生が補足する。

「ここは、「いた！」っていうんじゃなくて、夢のなかにお母さんが「いた、のかな？」っていう感じなんですね」

その、何かを含んでいるような表現はどういうことなのか。

はい、はいとみんなの手があがる。

「想像だけど、ピリカは夢のなかでお母さんに呼ばれて目が覚め、あれ？　夢だったの？　って、夢と現実がごっちゃになってたんじゃないかな」

「それってピリカが卵だったころの夢でしょ。産んですぐならお母さんも生きてたはずで、だから夢のなかにもお母さんはいたんだと思う」

「人間のお母さんと赤ちゃんだったら、生まれてすぐにお母さんが赤ちゃんを抱いて、おたがいに見つめあうものでしょ？　サケも産んだら、お母さんと一瞬目を合わすかもしれない、だから夢に出たんじゃないのかな？」

だいぶ想像がふくらんでいる。じゃ生まれたばかりの卵って、どうやってお母さんがわかるの、と先生が問いかけると、あちこちで手が動く。

「目、開いてないし」

「まだ見えるわけないよ」

子どもたちは、絵本がファンタジーであることを知っている。ファンタジーをファンタジーとして楽しみながら、そこにこめられた作者の意図を捉えようとしている。

物語はこのあと、ピリカと仲間のサケが大移動をはじめるシーンへと移る。群れは故郷の川をみつけ、クマやオオワシに襲われながら遡上し、困難な旅を経て産卵場所にたどりつく。産卵を終えたピリカは横になって卵を守りながら、「お母さん」を身近に感じ、「光につつまれ」、自然に還ってゆくという壮大な命のドラマだ。

一〇回にわたる授業で『ピリカ、おかあさんへの旅』を読み終えた六年生は、最後にひとりひとりがこの物語を手話でまとめて、五分から六分のビデオに記録している。その映像を見ると、原作を一部省略し、あるいは話がところどころで前後しながらも、子どもたちは物語をほぼ正確に再現している。それだけでなく、この物語が生きることの楽しさときびしさ、サケの生と死、そしてそれがもっと大きな自然の一部であることを、原作にそって理解していることがわかるのである。

六年生のひとりの、五分あまりの手話語りの一部を日本語に翻訳してみよう。たとえば授業に出てきたピリカの「夢」は、どう表現されているだろうか。

ある日、ピリカは目をあいたまま夢を見ました。サケは泳ぎながら眠るのです。なんだかなつかしい匂いがします。ピリカはとても小さくてくるりくるりと回っていました。きょうだいも一緒にくるくる回っています。だれかの呼ぶ声がして目を覚ましました。空を見あげましたが、見えるのは他の魚の群れだけです。お母さん、と呼んでみました。夢でお母さんがそばにいた気がしたのです。

それからピリカは何度も空を見あげ、耳を澄ますようになりました。他のサケも空を見あげるようになりました。「だれかがぼくらをよんでいるよ」。群れは呼び声に応えて泳ぎだしました。ピリカたちはまっすぐ泳ぎつづけました。

このあと、ピリカは生まれ故郷の川をみつけ、さまざまな危険と困難を乗り越えて産卵場所にたどりつく。そして産卵を終えて息絶える場面を、六年生の手話はこのようにまとめている。

ピリカは自分がしぼんでしまったように感じました。川を上りだしてからなにも食べていません。体を横たえると誰かがすうっと近づきました。お母さんです。ピリカは光に包まれました。

ピリカは死んだあと、たとえばキタキツネやオジロワシに食べられ、フンになって土になり、木になり、森になり、ゆたかな川の水になるでしょう。川ではピリカの産んだ三千の卵のなかで、三千の小さな命が育ちはじめています。

原文のとおりではないが、意図は十分に反映されている。こうした手話語りを見たおとなのろう者はみな、いいですねえ、最後のシーンには感動する、などと感想をのべてくれる。もちろん原作のすぐれた表現をそのまま取りいれている場面が多いからだが、内容に興味をもって理解していなければここまで再現することはできない。

子どもたちはそれぞれ独自の手話を使い、語りのなかに自分なりの情感をこめて再現している。それが、見るものの共感を誘う。物語を読むこと、そこに書かれている文章を理解するだけでなく楽しむこと、そうしながら作者の意図を受けとめ、作品のつくりだす世界に入っていくこと。読解の授業は、作者と読者の想像力はそれぞれに交錯し、そのたびに新たな展開にいたることを六年生ひとり一人に伝えていたと思う。

1　ろう児にとって日本語は第二言語だが、英語のような外国語とちがい日本語は生まれたときから身近に豊富に存在している。その意味で第二言語といっても特別なかかわりがあり、その利を生かしつつろう児の幼少期からの日本語科教育をどう進めるかはバイリンガルろう教育の大きな課題となっている。

感覚のポリティクス

明晴学園の日本語科の授業は、手話という第一言語を身につけたろう児の、第二言語としての日本語の学習を進めている。けれどこのような授業はほかのろう学校ではほとんど評価されることがない。なぜなら、子どもたちは最後に物語のまとめを手話で語っているからだ。手話での語りがどんなにすばらしくても、それが日本語でないかぎり、日本のろう教育では評価されない。

実際、六年生の児童は「まとめ」の時間に手話で語った内容を、すらすらと書けるまでの日本語力は身につけていない。くり返しになるが、日本語はろう児にとって第二言語、いわば外国語だから当然である。耳の聞こえる一般校の六年生が『ピリカ』を英語で読んでも、その内容を英語でまとめるのはむずかしいのとおなじことだ。

日本のろう教育においては、ろう児が日本語をきちんとしゃべり、聞き、読み書きができてはじめて成果があったとされる。この確固とした日本語中心主義が、手話の学校を厚い壁で取り囲み、手話の教育を方向ちがいの試みとして社会から隔離し、見えない存在にしてしまう。

すべてを、「日本語」という基準で評価してしまうこと。

それは、言語とは日本語のことだという大前提が日本のろう教育を支配しているからだ。聴覚障害教育の指導的な専門書にはこう書いてある。

わが国の聴覚障害教育では、これまで日本語の習得を主たる課題の一つとして捉え、そのために多くの努力が払われてきた。（中野善達・根本匡文編著『聴覚障害教育の基本と実際』田研出版、二〇〇八、三四頁）

中野らは、これからは「日本語の習得に加え」、手話をどのように取りいれていくかが「大きな課題となってきている」ともいう。しかしあくまで日本語が基本、中心であることに変わりはなく、手話はいまなお検討「課題」にすぎない。先進の指導書でもこのような認識にとどまっているくらいだから、ろう教育の現場ではいまだに言語といえば日本語、言語の習得とは日本語習得しか念頭におかれていない。どれほど手話で自由闊達に考え、話し、日本語と同等の深くゆたかな表現ができても、ほとんど評価されることはない。日本という社会に生きているかぎり、この日本語中心主義に抗することはきわめてむずかしい。

日本語中心主義は、しばしば手話の教育を厳しく批判する。そうした批判のひとつが、手話の教育は音声と音声語を排除するので、「倫理的にまちがっている」という主張だ。

たとえば二〇一二年の全日本聾教育研究大会で、明晴学園の教諭が手話の教育について発表したのに対し、分科会の「助言者」としてコメントした筑波技術大学の長南浩人はこういっている。

心理学や脳神経科学など人間の脳に関する情報が集まれば集まる程、単感覚では人間の脳全体を刺激していくことは困難ではないか、という知見が得られているところで、それでも単感覚で行う倫理的な説明とデバイスを使用しない倫理的な説明が求められてくる。（全日本聾教育研究会『第四六回全日本聾教育研究大会高知大会事後集録』一七一頁）

このコメントに、私たちは面食らった。なにをいっているのか即座には理解できなかったからだ。やがて、以下のようなことなのだろうと理解したのである。

単感覚では云々、という耳なれないことばが登場するが、これは要するに、視覚というひとつの感覚だけに頼ってろう児の教育を進めるのは困難で、聴覚も活用しなければならないということだろう。すなわち手話だけの教育は「心理学や脳神経科学など」からみて問題で、しかも倫理的な問題もはらんでいるという指摘だ。デバイス云々というのは、補聴器や人工内耳を使わないのも倫理的に問題があるということだ。

こうした指摘には、ただちに異論を唱えることができる。たとえばバイリンガル理論を確立した心理学者のジム・カミンズや、最先端の脳科学者の酒井邦嘉らは、単感覚ということばこそ使っていないが、もっぱら視覚に頼る手話の教育を支持している。また言語学という別の科学も、ろう児の言語獲得にあたってはまず手話が必要であることを当然視しており、視覚という「単感覚」が優先されるべきことをさまざまに指摘している。

聴覚を活用すべきだという意見に反対はしない。けれど、視覚や聴覚をどう使うかは、それぞれの子どもの言語と思考、認知能力の獲得と発達を第一に考えるべきことだろう。ろう児の言語獲得にはほとんどの場合、まず視覚をとおして獲得される自然手話が必要であり、そのうえで音声言語の読み書きを習得すること、さらに希望があり適性のある子には聴覚を活用して、聞くこと、話すことを習得してもらう。それが今日の言語学、心理学にもとづいた理解ではないだろうか。

もっとも、ここで私が注目するのは「単感覚」の当否、あるいはその活用の技術的な側面よりむしろ、「倫理」という発想がどこから来るのかということだ。

そしてまず頭に浮かぶのは、それは「だれの倫理なのか？」という疑問である。聴者の倫理なのか、ろう者の倫理なのか。多数派の倫理なのか、少数派の倫理なのか。「単感覚で行う倫理的な説明」は、だれがだれに対して行うことなのだろうか？　補聴器や人工内耳を使わないことに「倫理的な説明が求められる」というが、そうした「デバイス」を強制的に使わせることにこそ、倫理的な説明が求められるのではないだろうか。

視覚や聴覚といった感覚をどう使うべきかについての社会的な議論を、アメリカのろう者、ジョゼフ・バレンテらは「感覚のポリティクス」と呼んでいる。そしてろう児の聴覚に関して「中立をよそおう医学や科学もまた、ろうコミュニティとおなじように、じつは文化的な枠組みにつき動かされている」と、次のようにいっている。

さまざまな文化を見わたすと、感覚というものがいかに社会的に規定され文化的に構築されているかが明白になる。社会正義と平等という観点から、アメリカ社会で歴史的に矮小化されてきた多くの人びとは、感覚もまた白人の中産階級という社会の一集団の思考に規定されていると主張するのである。[1]

「単感覚では人間の脳全体を刺激していくことは困難」という指摘は、そもそも多数派、主流派の思考なのだとバレンテらは主張するだろう。白人の中産階級の男性であり、しかもろう者であるバレンテは、こうした指摘を生みだす枠組みが、社会的な立場、関係性によって容易に変わりうることを自身の経験から知っている。そのような枠組みに、彼はどのような優越した倫理性も認めることはないだろう。

1　Joseph Michael Valente, et al., Sensory Politics and the Cochlear Implant Debates, *Cochlear Implants*, Gallaudet University Press, 2011, p.249

日本語中心主義

手話の教育には「倫理的な説明が求められる」という言い方は、どこかで聞いたことがあるという感覚を呼びおこされる。

これまでに手話の教育について研究会や集会で発表したとき、私たちはほかのろう学校の教員から何度か詰め寄られたことがあった。彼らが口にするのはいずれも、「あなたたちは子どもからことばを奪うのか」「そんなひどいことが許されるのか」という非難だった。すなわち手話など教えるのは人倫にもとる、ということだろう。これもまた、言語とは日本語のことであり、手話は言語ではない、少なくとも教育に使えるような言語ではない、という理解のひとつのあらわれなのだろう。

アメリカの教育学の専門誌には、教育人類学者の林安希子らの調査に対して日本のろう学校教員がのべた次のようなコメントが記録されている。

「親や教師が子どもを手話だけで教えると決めるのは、道徳的にまちがっている。なぜならそれは、子どもが話すことを学ぶ権利を奪うからだ」[1]

こうした発言は、みごとに私たちの発言と対をなしている。私たちは、ろう児に手話を与えないことこそが、子どもからことばを奪うことになると考えるからだ。声を出して話すことを強制するろう教育は、ろう児を聴児にしようとする。しかしろう児が聴児になることはない。ろう児がろう児であることを否定するこうしたアプローチこそ、倫理的に深刻な問題をはらむのではないだろうか。そこに倫理的問題があるという主張は、どの視点からのディスコースなのかと私たちは問い返したいのである。

ろう教育の日本語中心主義を支えるもうひとつの柱は、「社会参加」だ。日本にいるかぎり日本語が話せなければ社会参加はできない。いくら手話が使えても実社会では通用しないという主張である。日本語を、それも音声日本語の習得を。そうすることでろう者は「隔離から社会への統合」に向かう、というのは、むかしから口話法の提唱者が用いてきた論理だった。それはアメリカのモノリンガル主義者の主張に酷似している。そこで欠落しているのは、ろう者もそこに向かうべきだと主張される「統合先の社会」とは、どのような社会なのかという問いだろう。その社会でろう者はほんとうに「統合」されるのだろうか、統合ではなく同化されるだけではないのか。そこでは、ろう者が「ろう者の社会」「ろうコミュニティ」を形成することははじめから想定されていないのではないだろうか。

明晴学園の教育について、他のろう学校教諭はたとえば次のようにのべている。

「日本手話がわかるろう者を相手にするなら手話もいいでしょう。だけどそれ以外の広い社会ではだれも手話なんか使わないから、生きていくためには何の役にも立ちませんよ」

「(明晴学園の生徒は) 高校や大学進学の選択肢が狭まるだけじゃないですか。アメリカのギャローデット大学には行けるかもしれない。だけどそこから帰って、能力があったとしても先生にはなれない。明晴の先生ならなれるかもしれないけれど[2]」

こうした主張に対し、ブリストル大学のろう者学研究者であるパディ・ラッドは、口話を使うろう者が聴者の社会で困難な体験をくり返していることをあげて、こう反論している。

口話主義の教義のひとつは、手話など使っていたら社会で孤立してしまう、口話だけが社会参加を可能にするということだったが、それはほんとうだろうか。さまざまな事例をみると、まったく逆の事態が起きている。[3]

ラッドはイギリスだけでなくノルウェーでもデンマークでも、口話を使うろう者はろうコミュニティで孤立し、かといって聴者社会にもとけこめずに疎外されていると、ろう者の証言をもとに指摘している。「口話のろう者」は、聴者からみれば社会に「統合」されているかもしれないが、ラッドのようなろう者からみればけっしてそうではない。真に深刻なのは、彼らが疎外を疎外と捉えることができないでいることかもしれない。

日本語中心主義からは、手話を否定するだけでなく、むしろ手話を日本語教育の便利なツールとして取りこもうとする動きも派生している。これはトータル・コミュニケーションの普及から顕著になった現象で、手話は日本語習得のための踏み台とされるようになった。けれど踏み台になることを期待された日本語対応手話は、ろう児の母語獲得にとっては踏み台どころか逆に足かせになっていた可能性すらあるのである。

手話は、ろう児にとってたんなるコミュニケーション手段ではない。ろう児の人格の核心をなす自然言語だ。その手話をたんなる教育の一手段としか捉えず、しかも聴者教員が使いやすいように作り変えてしまったところで、トータル・コミュニケーションは、聴者社会は、出口のない迷路に踏みこんでしまったのではないだろうか。

日本の社会で生きていくためには日本語を。それも、音声日本語を。

有無をいわさぬ強い社会的圧力のもとで、ろう児は生まれ落ちたその日から、保護者とともに選択を迫られる。日本語で生きるのか、手話で生きるのか。そしてほとんどの保護者は、そのような選択肢があることも知らないまま、あわただしく日本語の世界に向かってしまう。かりに選択肢があることを知ったとしても、手話ではなく、大多数の人が使う音声日本語の世界へとろう児を引きこんでゆく。明晴学園の手話の教育にたどりつくろう児と保護者は、じつはかなりの少数派なのである。

けれど手話の教育にたどりついても、そこで問題が解決するわけではない。日本語中心主義は、ろう児が手話だけで生きることを容認せず、つねに日本語の習得を求めるからだ。日本に生まれた聞こえる子どもたちは日本語さえできれば一人前とされるかもしれない。けれどろう児は、手話ができるだけでは一人前とみなされない。第二言語の日本語を習得しなければ社会人になることができないのである。

かたや一言語、かたや二言語。理不尽ではないかと思う。けれどこの社会では、理不尽だということもできない。そこで私たちはバイリンガル教育という方法を案出したのだった。ろう児はまず手話を獲得する、そのうえで、第二言語としての日本語を習得するという方法である。ろう児本人からみるなら、バイリンガルろう教育はけっして理想の教育などではなく、日本語中心社会でろう児が生き抜くための妥協の産物というべきかもしれない。

そのように指摘したうえで、私は現実を率直に認めよう。バイリンガルろう教育のもとで、ろう児は聴児とおなじような日本語の力を身につけているわけではない。音声なしで音声語の読み書きを習得することは、不可能ではないが多大な困難を伴い、多くのろう児は日本語を手話とおなじ母語のレベルで習得するまでにはいたっていない。

そこには複合的ないくつもの要因があるが、もちろん子どもの素質や教師の技量、経験、教師間の連携、家庭の教育環境などがつねに影響を及ぼしている。そのうえに、バイリンガルろう教育は過去の蓄積がなく、核心的な部分は手探りで進めなければならないという事情がある。ろう児の日本語習得には膨大な量の読み書きが必須だといわれるが、本人や教師、家庭には限界があって実現がむずかしい。さらに、手話を母語とする子どもたちはものごとを認知する方法も異なっている部分があるようで、最適な音声言語の習得方法はいまだ究められたとはいえない。

そのような状況のもとで、たとえば明晴学園の中学生は、漢検（漢字能力検定）で三級をとることはむずかしい。また日本語の能力を問う各種の日本語検定でも、聞こえる生徒とのあいだにはあきらかな差がある。中学生になっても「まちがっている」を「まがっている」と書いてしまい、「みんなと一緒にやりたい」を「みんなたち一緒がやりたい」と書いてしまう。

中学二年生のひとりは作文の時間に、日本の若者は自分に自信がもてない、それはなぜかと論じて、日本語の下書きでこう書いている。[4]

赤ちゃんに未来の希望の力を持っている。なぜなら、僕の考えでは、人から人への育児、血がつながっている、心が伝わる、子どもも大きくなったら父になりたいと思う。父の気持ちが子どもにつぐ、人と人とは信頼し合っている。

まさに、日本語を学習中の外国人の文章のようだ。けれどこれを手話で語ったとき、その日本語訳はどうなるだろうか。

赤ちゃんは未来の希望の力を持っている。僕は、ちゃんと育児をすることではじめて親子は血がつながり、心が通うのだと思う。そのように育てられた子は、大きくなったら自分もまた父親のようになりたいと思うだろう。父親の気持ちは子どもに伝わり、子どもは人を信頼することができるようになる。

日本語ではまちがいが多く稚拙にみえる文章が、手話ではきちんとした中学生の文章になっている。そして、人は人から信頼されてはじめて自分に自信がもてるようになるという論旨も、明快に伝わってくる。

こうしたろう児の主張を、日本語の文章でしかみたことのない人は、この言語レベルで社会参加はむずかしいと嘆息するかもしれない。けれど私たちは、日本語のまちがいより、そのもとにある手話での思考がきちんと発達していることを重視している。第一言語としての手話がたしかに獲得され、その手話で自由に考え、語り、この世界を読み解く力、そして仲間や親に働きかける力をもっていることが、なによりもたいせつだと思うからだ。

だから日本語ができなくてもいい、とはいわない。日本語はもっとできるようになってほしい。けれど中学二年生の段階で、まだまだまちがいの多い日本語、一見稚拙な文章を書いていても、それを私たちがある種の余裕とともに認めることができるのは、子どもたちが学年相当の思考力、学力を身につけているからだ。

漢検の三級はむずかしくても、中学三年生は聴力のほかに障害がなければ、半数近くが英検（実用英語技能検定）や数検（実用数学技能検定）の三級に合格できる。三級というのは一般の公立中学校の三年生レベルだから、もしも英語で筆談をしたら、バイリンガルのろう児は一般校の生徒と肩をならべるし、数学も聴児とおなじようにこなすことができるのである。理科、社会も、基本的な理解力は聴児と変わらない。

年齢相当の思考力、学力を身につけたろう児は、一般の高校に進学することもできる。彼らは入試面接を筆談で受けなければならないなど、聴児にはない負担を強いられるが、聞こえる子どもと競ってこれまでに何人もが一般校に進学している。入学後も、聞こえる生徒に混じって苦労しながら授業を受け、大学受験をめざしている。

そしてまた、ろう児は高校に進学する前後から日本語の力を伸ばしている。バイリンガルろう教育では、第一言語にくらべて第二言語の発達は遅れるとされるが、時間差はあっても基礎の手話がしっかりしていれば最後はつじつまが合うということではないだろうか。おそらく高等教育を終えるまでに、ろう児は社会参加に必要な、最低限の日本語力を身につけているだろう。[5]

バイリンガルろう教育は妥協の産物であるとしても、倫理的にはもっとも問題が少ない教育であり、また自立したろう者を育むという意味で、もっともろう者の社会参加を進めるろう教育になりうる。この教育の真価は日本語を基準にして測れるものではなく、ろう児がろう児になるという、まさにその点に発揮されていると思う。

私たちは、ろう児を中心とした新しいろう教育を作ろうとした。聞こえる人が、多数派が何を求めるかではなく、ろう児が何を求め、どのように生きるのか、そのために私たちに何ができるか、何をしなければならないかを考えようとした。そしてすべての基礎に手話があることを見いだしたのだった。日本語は、日本社会で生きていくうえでどれほどたいせつであっても、ろう児がろう児になるための過程では副次的な課題なのである。

手話と日本語で教育を進めるバイリンガルろう教育は、二つの言語を身につけた新しい世代のろう児を生みだすことを目標としてきた。なるほど子どもたちのなかには日本語の力が十分ではない、いわばモノリンガル的なろう児がいることは否定できない。けれど彼らもみな、自分の本来の能力に応じた十分な手話を身につけている。バイリンガルろう教育は輝かしい成功をとげたとはいえないかもしれないが、私たちには胸を張っていえることがひとつある。それはダブル・リミテッドとよばれる、十分流暢に使える言語をひとつももたないろう児を、これまでひとりも卒業させてこなかったということだ。そのことが誇りになりうるというのが、いまの日本のろう教育の現状ではないだろうか。

1　Akiko Hayashi and Joseph Tobin, The Power of Implicit Teaching Practices: Continuities and Discontinuities in Pedagogical Approaches of Deaf and Hearing Preschools in Japan, *Comparative Education Review*, 58(1), p.40

2　同 p.40

3　Paddy Ladd, *Understanding Deaf Culture*, 2003, p.145

4　中学二年生のこの「下書き」について現場の教員から「いまの二年生はこれより高いレベルの日本語を使う」と指摘されたが、日本語を第二言語とする生徒が直面する課題を示すために、私自身が教室で取材したケースとしてそのまま例示している。

5　二〇〇八年に設立された明晴学園は、最初に中学部を卒業した生徒が二〇一五年の時点でまだ高校に在学中である。ある程度の数の大学進学者、社会人が誕生するのは何年も先のことだ。卒業生の進路という面からみれば、バイリンガルろう教育の評価はまだ定まったといえる時期に来てはいない。

二つの言語のはざまで

「たとえば「矢のように」って、どう説明しますか。子どもたちに手話で話しても、どうもうまく話せないんです」

小学部低学年クラスで日本語を担当している教員が質問する。漢字の学習をしていたとき、「矢」という新しい字が出てきた。そこで先生が、日本語にはたとえば「矢のように」という言い方があるといったのに対し、子どもたちが色めきたったのである。

矢、って、弓矢の矢でしょ。あれとおなじ速さっていうこと？　じゃ、人間より絶対速い。矢のように走るなんておかしいよ。新幹線はどうなの。飛行機は矢のように速いっていうの？　時間が矢のようにって、よくわからない、などなど。

こういう場面で教室はハチの巣をつついたようになる。子どもたちは日本語の「字義どおりの意味」と「たとえ」のちがいを混同したまま、飛んでいく「矢」の想像をふくらませるからだ。いちいち質問に答えていたら漢字の学習どころではない。そういうとき、ろう者の先生だったらどう説明するだろう。

うーん、と、ろう者の先生も首をかしげる。手話にはまったくおなじ表現がないから、日本語の例をたくさん出して説明するしかないだろうね。そういいながら、ろう者教員も日ごろ子どもたちの質問好きには振りまわされているから、聴者教員の悩みがよくわかる。

二〇一五年から明晴学園で毎月二回開かれている「日本語会議」の一場面だ。幼稚部から中学部までの子どもたちに、日本語を教えるにはどうすればよいかを話しあう十数人の集まりでは、こんな事例が次から次へと出てくる。子どもたちの日本語は手話と表裏一体の問題なので、手話科の教員も全員参加だ。そこでは日本語と手話という二つの言語のあいだに、音声言語同士のあいだではみられないような、視覚言語と聴覚言語をへだてる深い谷間がみえてくる。

矢のように、の事例を聞いて、こんどは小学部高学年担当の教員がいう。

「五、六年生になると抽象的なことばが多いから、もうたいへんです。安保法制の「安保」なんか、こういえばああいう、じゃあこういう場合はって、質問だらけで授業が進まない。適当に切りあげるしかないですね」

そこで日本語教育のコーディネーターであり、バイリンガル教育の専門家でもある桜美林大学名誉教授の佐々木倫子がコメントする。

「聞こえる子の場合、「安保」っていうようなことばは、テレビを見たり家族と話をするなかで日常的に耳にしている。でもろうの子はそうではないんです。日常生活のレベルでいつのまにか聞いているとか、なじんでいるっていうことがない。それをこちらが教えこむのではなく、向こうから聞いてくるのはチャンスなので、たいへんでもできるだけ先生が話をして、子どもたちの理解と記憶に結びつけてください」

ろう児は、日本語を「小耳にはさむ」ことがない。聞こえる子どもの場合、「矢のように」は学校で習わなくてもいつかどこかで耳に入っている。それを学校で聞いたとき、ああ') あのことかと既存の情報が結びつき、「理解」になる。そうした日常の蓄積がないところで、ろう児は聞こえる子にくらべ、日本語習得の環境という面でかなりの差をつけられている。

たしかに手話の子どもたちはしっかりとした言語基盤をもっているが、それにもかかわらず、日本語はろう児のなかにすっと入ってはいかない。もちろん聞こえる子も、日本語という基盤がありながら英語の学習には苦労するから、それとおなじことだといいたいのだがどうもどこかちがう。音声語の基盤のうえで別の音声語を習得する場合と、手話という視覚言語の基盤のうえで日本語のような音声語を習得する場合は、困難の度合いが格段にちがうのではないかと思えるのである。

日本語会議での例をみてみよう。たとえばここで、小学部中学年の担任はこんな疑問をぶつけている。教科書のなかに、弁当を「食べていました」という表現があったが、これが「食べました」とはどうちがうのか、それを子どもたちにどう説明すればいいだろう。手話では「食べていました」と「食べました」をどう区別しているのか。

聞かれたろう者の教員たちが、顔を見あわせる。そんなちがいはない、かな。

「そうですよね、だからうまく説明できなくて」

すると別の聴者教員がいう。

「高学年の場合は、そこで手話を作ってしまうんです。〈食べる〉という手話に〈中〉という手話表現を付けて。つまり〈食べる〉〈中〉、これで「食べていました」を説明する。そんな手話をろう者は使わないけれど、やむをえずそういう人工手話を使って日本語の「食べていました」を理解してもらうんです」

六年生なら、手話の不自然さを承知のうえで、日本語のちがいはそういうちがいなのだと理解することができる。けれど三年生にそれを求めても混乱するだろう。ではどうするか。

するとさっきから考えこんでいたろう者がいう。

「「食べました」と「食べていました」は、手話でもちがうんじゃないかな。食べている最中を表現するなら、手話が長くなり、くり返し動作がふえると思う」

食べる、というときの指の反復動作が増すことで、異なった表現になる。それが日本語の差異に対応するのではないか。

そうかもしれない、いやその場面でそんな手話は使わないと、こんどはろう者同士の議論がはじまる。くり返し動作がふえるという指摘に加えて、特定の状況で「行為の途中」に注目するときは複眼的な描写を可能にするロールシフトと呼ばれる独特の手話表現が使われるという指摘もあった。たしかにそうだ、手話にはそんな使い方があったんだと、新発見に感動するろう者がいる一方で、ロールシフトがあてはまる状況とそうでない状況があると反論が出てくる。どんな場合がそうか、そうでないか、議論は小学部の教室とおなじように紛糾する。手話とは何か、どんな言語かが、話者の言語脳の中身をさらけ出しながら議論されるさまは壮観だ。日本語会議はいつしか手話会議になり、ネイティブ・サイナーがその中心を占めている。こうなると聴者はなかなかついてゆけないどころか、議論の中身を把握することもむずかしい。

おなじく議論が紛糾したのが、「食べていました」につづいて出てきた、弁当箱を「落としてしまいました」という日本語である。「落としてしまいました」は「落としました」とどうちがうのか。

かんたんだよ、とひとりのろう者が示したのは、手話で〈落としました〉と表現し、つづいてそれにNMM（Non-Manual Markers）とよばれる一定の表情をつけ、〈落としてしまいました〉に変化させることだった。うん、そうだなと、ろう者が合意したところでまた異論が出る。〈落としてしまいました〉

のNMMは、「失敗した」「残念」という状況で使われるNMMで、ほかの場面で出てくる日本語の「しまいました」には使えない。だからこのNMMで日本語のちがいを説明すると、子どもたちは混乱するのではないか。それに、そもそもNMM自体が言語的な意味での記号とは言い切れず、日本語への翻訳がむずかしい。

結局この日の議論から導かれたことのひとつは、手話と日本語は別の言語なのだから、もともと一対一で対応させようとすること自体に無理があるということだった。また小学生でも高学年になれば便宜的に考案された人工手話を使い、概念理解を進めることはできる、そうした人工手話はろう児の手話に悪影響を及ぼすことはないが、低学年で使うのは無理だろうというゆるやかな合意があった。

議論のなかで浮かびあがったもうひとつの問題は、子どもたちのなかに、手話のレベルが生活言語にとどまっている子がいるということだった。そういう子は日本語の時間に物語を聞かせても、時間や場面が変わると混乱してしまう。主人公が突然過去のエピソードを語り、また現在にもどるような場面についてゆけないのである。だから物語は過去から順に、時間を追って説明し直さなければならない。ものごとの因果関係も、結果から話すのではなく、原因から結果へと順を追って話さなければならない。そういう子をみんなのレベルにまで引きあげるには、どうすればいいだろう。

とはいえこうした問題は、聞こえる子でも本質的にはおなじことが起きている。手話の子どもたちを教える先生は、それ以上の問題を抱えているのではないか。それは手話と日本語がかなりかけはなれた言語で、その橋渡しがむずかしいということだ。具体的にはどういうことだろう。

たしかに手話と日本語のあいだには、一対一の対応関係はない。しかし対応関係はなくても、一般的に二つの言語のあいだで相互に概念や意味を説明することはかなりの程度までできるだろう。たとえば日本語と英語のあいだでは、完全ではなくても「伝わった」と思える程度には翻訳ができる。ところが手話と音声語の場合、どうもそうとは言い切れない。いくら翻訳しても説明しても、「伝わった」感がどこかで損なわれていることがある。それは、音声語と視覚言語とのあいだの深い乖離に由来するのではないだろうか。

おそらく、手話は「見えすぎることば」なのだ。そして手話からみれば日本語はあまりにも「見えないことば」なのだ。たとえば〈ラーメンを食べる〉と〈パンを食べる〉で、手話はそれぞれ別な動詞を使う。その細分化で、食べるという行為の具体性が伝わってくる。〈落とした〉という動詞も、自分の右に落としたのか左に落としたのか、遠くに落としたか近くに落としたかといった具体的な状況を、必要とあればいくらでも付加することができる。しかもそれに一定のNMMを加え、それが失敗だったのか、驚きだったのか、失敗といってもちょっとした失敗か、大失敗かを修飾することができる。つまり、日本語がただ「弁当箱を落とした」というとき、手話は〈落とした〉を豊富に修飾して伝えているのである。

それはジェスチャーではないかという人がいるかもしれないが、そうではない。動詞の活用のしかた、NMMの使い方はネイティブ・サイナーに共通しているし、どのような場面でどう使うか、あるいはどう使えないかが決まっているからだ。ろう者はそうした視覚情報を駆使することで、聴者よりはるかに具体的で生き生きとした場面を伝え、受け取り、視覚の会話を楽しんでいる。その描写力は、音声語とは次元がちがうという感覚すら覚えることがある。

幼稚部のろう児が、日本語には「ポツポツ降る雨」っていうことばがないんだね、といったことがある。もちろんその子は天気予報の雨のマークを見てそういったので、日本語には小雨、五月雨、小ぬか雨、いろいろなことばがあることは知らない。また「しとしと」や「ザーザー」のような多彩な形容があることも知らない。けれどそんな日本語には縛られず、ろうの五歳児は霧が漂うようなかすかな雨から滝のような土砂降りまで、すべての雨を無段階で具体的に描写することができる。その鮮明な映像の世界にいると、「さみだれ」という日本語の典雅な響きはほとんど色あせ、「しとしと」という形容も退屈に聞こえてしまう。

目で見たそのままを描写し、伝えることができる、あるいはかなりの場面でかなりの程度まで視覚情報を言語化してしまうという点で、手話はあきらかに音声語より豊富な語彙としくみを備えている。なにしろろう者はみな「目の人」なのだ。そのような人びとからみれば、音声語はしばしば退屈な言語に思えるだろう。それは文字だけのメールと、文字に写真や動画が挿入されたメールのちがいのようなものかもしれない。映像付きのメールになじんだ人は、文字だけのメールは退屈至極かもしれない。

けれど逆に、音声語の退屈さは抽象性、普遍性と結びついて、音声語ならではの強みとなる。たとえば日本語で「さみだれ」といったとき、それは眼前の雨にぴたりと対応してはいなくても、さし示す概念は広がりをもつからだ。目の前にしとしとと降る雨は、最上川に降るさみだれにつながり、人によってはむかし病床から見たそぼ降る雨につながってゆくだろう。眼前に縛られない抽象的なことばは、ろう者からみればあいまいなことばかもしれないが、そのゆえに空間と時間を超えることができる。映像はイメージを広げるようでいて、逆に私たちの想像力を縛りつけているのかもしれない。砂漠のキツネが星の王子さまにいったように、たいせつなことは目に見えないのだ。

このあたりはすでに、認知科学者や言語哲学者が論ずべき分野かもしれない。素人論の危険を承知のうえでいうなら、手話という言語はどんな抽象的な思考も議論も可能にする一方で、聴者にはうかがいしれない描写力をもっていると思う。子どもたちに、そこではない別なところにある日本語の魅力を伝えるのは、なかなかむずかしい作業かもしれない。それは「テレビを見るより、もっと本を読みなさい」というのと似たようなことになるだからだ。

日本語教育にあたる先生たちのあいだで、さらにやっかいなこととして話題になっているのが、言語としての手話の「要素」と、日本語の「要素」は本質的にちがい、そのちがいがろう児の日本語学習をむずかしくしているのではないかということだ。たとえば「タマゴ」という日本語は「タ・マ・ゴ」という三つの異なった音の連なりだが、幼少のろう児はどうもそうは見ていない。音ではなく三つの文字を「ひとかたまり」でひとつの記号ととらえ、手話の〈タマゴ〉に相当する記号として理解してしまうらしい、という問題である。だから小さなろう児は「タマゴ」を横書きにするとき、平気で右端の「ゴ」から書いてしまう。そういう子にとっては、漢字一文字の「卵」の方が「タマゴ」よりわかりやすいのかもしれない。音の聞こえない子に、どうすれば「タマゴ」を三つの音の組み合わせとして認識してもらうかは容易な問題ではない。

手話も日本語も、かぎられた要素を組み合わせて無限の表現を可能にするというしくみに変わりはないが、その「要素」のあり方がちがい、そこからくる認知様式のちがいが、手話の子どもたちの音声語の読み書き習得をむずかしくしている可能性があるようだ。とはいえ、これはまだほとんど解明されていないテーマで、今後専門家に助けてもらいながら研究を進めなければならない。

「矢のように」が議論された日の会議をふり返りながら、聴者教員のひとりは後日こういっている。

たとえば手話の〈落としました〉は、NMMで修飾すれば〈落としてしまいました〉になる。しかしそれをいままでの手話通訳は、きちんと訳していたろうか。訳す以前に、そのことに気づいていただろうか。聴者が手話をきちんと見ていなければ、ろう者もまた日本語をきちんと見ようとはしない。これまでずっと、手話と日本語はそういう関係のもとにあったのではないだろうか。

それを聞きながら私はここでもまた、手話という言語は聴者に「見えていなかった」のではないかと思う。聴者だけでなく、ろう者にも見えていなかったというべきかもしれない。手話と日本語は対応しないといいつつ、それでもなお日本語と対照しながら手話という言語をみたとき、とくにその自然言語としての文法的な細部に迫ろうとしたとき、ろう者も聴者も手話はそれだけの検討に耐える言語だったと確認することができる。自然言語であるがゆえに、手話は日本語とはかけ離れているし、そのあいだにある距離はおそらくどの音声言語のあいだの距離よりも大きい。しかし人間の言語であるからには、その間の距離はけっして超えられないことはない。それが、手話を第一言語とする子どもたちに日本語を教えている先生たちの実感ではないだろうか。

私たちは何をしたのか

聴覚障害児の日本語指導という分野で、すぐれた実績をあげてきた教育者のひとりは、九州保健福祉大学教授の上農正剛《うえのうせいごう》だろう。聴覚障害児のなかでも、おもにろう学校ではなく一般校に通う「難聴児」と呼ばれる子どもの個人指導を一七年実践した経験がある。ろう学校やろう教育にも詳しく、ときには日本の難聴児やろう児の教育を正面から批判してきた数少ない専門家のひとりだ。その上農は二〇〇三年、『たったひとりのクレオール』という著書を出版している。ときあたかも聴覚口話法への批判が高まり、手話の導入が議論されはじめた時期だ。そのなかで上農は難聴児であれろう児であれ、「聞こえない子ども」たちは口話法のもとで期待されたレベルの日本語を習得できていなかったと率直に指摘している。

この聴覚口話法に対する根源的異議申し立てと手話の重視という新しい動きは、同時に、期せずして非常に本質的な問題を別な角度から提起する結果をもたらした。それは、皆の意識を「言語」という根本的な視点へ引き戻したことである。……聞こえない子どもの教育の根底にあるのは、結局、どこまでいっても「言語」の問題なのである。この実に当たり前のことが、長い間、聴覚障害児教育の世界では見落とされてきたのではなかっただろうか。（上濃正剛『たったひとりのクレオール——聴覚障害児教育における言語論と障害認識』ポット出版、二〇〇三、四五〇—四五一頁）

聞こえない子どもの読み書き能力は「今もって芳しく」なく、多くは「基礎言語力の決定的な不足」がみられ、当然のことながら「学力不振、低学力」で低迷している。それはたんに教育技術が稚拙だったから、あるいは聴覚口話や手話の方法論がまちがっていたからというようなことではない、本質的な「言語」の問題をきちんと捉えていなかったからだ。上農はそういっている。

それもここ十年や二十年のことではない。百年にわたって変わることのない流れだった。口話教育は少数の成功例を誇示する一方で、多くのろう児、難聴児に十分な読み書きの力を、学力を、そしてすべての基礎にある思考の力を身につけさせることができなかった。そのようなろう教育、聴覚障害児教育のもとでいったいどれほどの子どもが、本来獲得するはずだったことばの力、思考の力を奪われてきただろうか。それも、生涯にわたって。

こうした事態を見わたしながら上農は、ナチスのホロコーストを研究したラウル・ヒルバーグの姿を思い浮かべている。ヒルバーグはホロコーストを、「なぜ、そのような事態は起こり得たのか」と、加害の側のドイツ人について問いつづけた研究者だった。上農は「聴覚障害児教育とホロコーストとはもちろん直接何の関係もない」としながらも、自分には「ヒルバーグ的立場」でものごとをみることの意味が「繰り返し繰り返し甦ってきた」という。

……同じように、私たちも困惑しながら問い返さざるを得ないのではないだろうか。聞こえない子どもに対して、私たちはどうしてそんなことをしたのだろうか。なぜ、そんなことが出来たのだろうか。私たちをそのような行動に駆り立てたのは一体何だったのか。そして、それは具体的にどのような方法で実施されたのだろうか、と。（同、四七三頁）

この問いに、かんたんな答があるはずもない。上農はかろうじて、そのようなことをした人びとの声はつねに大きく、された人びとの声はつねに小さかったという。そして、なぜそのようなことをした人びとの声が大きかったのか、その理由を解明しないかぎり「小さな声を尊重することは永遠に出来ない」という。

私たちはどうしてそんなことをしたのか。この問いを発すべきは上農ではなく、親や教師、障害児の治療や教育にあたる専門家とよばれる人びとではないだろうか。聞こえないままではいけない、聞こえる子のようにならなければという、彼らの「大きな声」が、そしてその源にあるまなざしが、「私たちはどうしてそんなことをしたのか」という問いかけの先に横たわっている。

聴者で哲学者でもある上農は、聴覚障害児教育とホロコーストは「もちろん直接何の関係もない」という。それはこの問題を考えるときに、聴者がわきまえるべき立ち位置の限界でもあろう。

しかし、ろう者はちがう。

ブリストル大学のろう者学研究者であるパディ・ラッドは、本書でもなんどか引用した。彼の著書は、ろう者がろう者の文化と歴史をろう者の思考に沿って記述した貴重な文献である。ろう者学のみならず、マイノリティの状況に関心をもつ人びとにとって欠かすことのできない資料となっている。

そのなかでラッドは、一九七九年にオクスフォード大学のルーベン・コンラッドらがまとめたイギリスの口話教育についての調査を紹介している。そして口話教育が、ろう学校卒業者の英語読解力を平均八歳児のレベルにとどめてきたことを紹介し、そのあとでこういっている。

> コンラッドの研究が公表されたのにつづいて、諸外国でも調査が行われたが、それらはみな不気味なほどに似通った〝成果〟を示していた。世界中でおなじような事実がくり返されていたことに気づいたろう者は怒りをつのらせ、口話主義を「ろうのホロコースト」と呼ぶようになった。(Paddy Ladd, *Understanding Deaf Culture*, p.28)

最初にこれを読んだとき、私は「ろうのホロコースト」という言い方に違和感を抱かざるをえなかった。これはラッド自身がそういったのではなく、そういう主張があったと紹介した形になっているが、それにしても口話教育の被害をたとえる比喩として誇大で不適切だと感じたのである。ホロコーストということばがそのような形で使われることを、ホロコーストの被害者や生存者は許さないだろうという思いもあった。

けれど、ラッドはただのはずみでこれを引用したのではない。ホロコーストという言い方に対しては、当時も「おおげさ」で「比較できないものを比較する政治的言動だ」といった批判があった。しかしそこでろう者がひるむことはなかった。

これに対してろう者は反論した。「一方は身体を破壊した。けれどもう一方は、こころを破壊したのだ」（同 p.28）

口話教育は、何百万ものろう者の「こころを破壊した」のだろうか。それとも、そのように主張するろう者はおおげさな「政治的言動」を弄したのだろうか。この二つの主張のあいだの論争には「きわめて重要な意味がある」とラッドはいう。そして「過去三百年のあいだ、西半球のあちこちで人類は組織的な動きによって、さまざまなホロコーストを行ってきたではないか」（同 p.29）と指摘している。

大西洋の中間航路では、奴隷となった何百万ものアフリカ人が死亡したことをわれわれはもう忘れたのだろうか。魔女狩りでは五〇万の女性が焼き殺されている。北米では先住民の多くが絶滅させられた。これらはみなそれぞれに異なった事例でありながら、被害の規模と深刻さという点から、ホロコーストだったと考えることができるのである。（同 p.29。傍点部分は原著ではイタリック体）

そのようなことをしてきたのは、ヨーロッパ人だけではない。アルメニアで、東ティモールで、南アフリカやルワンダ、ボスニアで、おなじようなことがくり返されてきた。ラッドはそういいながら、ではろう者の場合はどうかと問いかける。ろう者は世界中に散在しながら、どの社会でも驚くほど似かよった経験を経てきたことに気づくのである。

このようなことを自覚し、ろう者は自分の身に何が起きたのか、その規模と深刻さについての地球的な展望をもつようになる。ろう者は、ろうであるということがどのような経験であるかを、ロシアで、アメリカで、そしてまたオーストラリアで、日本、アルゼンチン、南アフリカ、インド、中国で見てきたし、知りすぎるほど知ってきたのである。それらの国で何十万の、あるいは何百万もの（だれが記録などしていただろうか）人びとが口話主義者の配下におかれてきたのだった。こうした観点から彼らは、あれはホロコーストとおなじだと断言するのである。（同 pp.29–30）

ラッド自身は、ろうのホロコースト言説の熱烈な支持者であるとは思えない。しかしそのような言説があることを無視できなかったし、自著でそのことにふれないわけにはいかなかった。なぜなら、ふれなかったとしても「本書のすべてのことばに、語られることのなかった事実がしみ込んでいる」（p.30）からだという。

聴者である私は、ラッドのこの問題への向きあい方に共感を覚えながらも、「語られることのなかった事実」が何であるかを、そしてまたろうであることがどのような経験であるかを「知りすぎるほど知って」はいない。あれはホロコーストだったと断言することはできないが、しかしまた、そうではなかったと断言することもできそうにない。そこには、口話主義のすべてを否定することはできないが、かといってすべて肯定することもできないという事情が重なっている。私たちの社会には、口話教育を受け、その教育を肯定しながら暮らしている少なからぬ聴覚障害者が存在するからだ。彼らをひとまとめにしてこころの破壊された人びとと言い切ることはできない。その一方で、口話教育を受けたろう者の多くがこころに深い傷を負い、人によっては「こころを破壊された」とも表現すべき境遇におかれていることを否定することもできない。

ろうのホロコーストという言い方についてあらためて考えたとき、私は広くてかぎりなく混とんとした、ことばのない世界に迷いこんだかのような錯覚を覚える。そしてはじめに抱いた違和感がしだいに揺らいでいると感じないわけにいかない。

おそらくここで真に問題となるのは、「なぜそのようなことをしたか」ではない。私たちがろう児に「何をしたか」を、だれも知らないということなのだ。

イギリスでもアメリカでも日本でも、たしかに口話教育はろう児の学力を「八歳児程度」にとどめてきた。しかしそれは読解力という、学力のなかのごく一部のことでしかない。読み書きだけにとどまらない総合的な言語の力は、どこまで損なわれていたのか。言語だけでなく、認知や思考、記憶の力、さらには情操や社会性といった高次の精神活動がどこまで損なわれたかは、だれも調べたこともなければ、調べる方法すらもわからない。私自身はこれまでの経験から、きわめて多数のろう児が本来発達させるはずだった精神活動の決定的に重要な部分を獲得できないまま、あるいは耐えられないほどに不十分なまま、口話教育の枠組みから外に出されてきたと捉えている。けれど口話教育の負の遺産の全体像は、だれにもわからない。この被害の底知れなさが、私にホロコーストということばを否定させないでいる。

そして私にはもうひとつのとまどいがある。

それはラッドが英語を母語とするろう者であり、英語によってろう者学を構築し、英語によってはじめてろう者の歴史と文化を語り、ろうホロコースト言説を伝えたということだ。手話では彼の議論は、少なくとも聴者社会には伝わらなかった。

聴覚障害をもって生まれたラッドは、大学までを口話で過ごし、成人になってから手話を覚えている。ろう者の世界でいう「ろう度」はかなり低いが、にもかかわらず、イギリスだけでなく国際的にもろうコミュニティで最も尊敬されているろう者のひとりである。とはいえ権威や威厳とはほど遠い、ヒッピー文化やサブカルチャーに染まった長髪の穏やかな「サバルタン学究」である。

ラッドは内外古今の文献を渉猟し、ろう文化とは何か、ろう者とはだれのことか、ろう者の歴史はどう構築され共有されてきたかを考察し、『ろう文化の歴史と展望』（森壮也監訳／長尾・古屋・増田・柳沢訳、明石出版、二〇〇七）を執筆した。そうした枠組みのなかでろうのホロコースト言説にふれたとき、彼の議論は聴者社会、英語社会に浸透する十分な力をもっていた。それだけの著作だったから、森壮也の監訳で日本語にも翻訳されている。それはラッドが、英語世界を駆けめぐる言語の力をもっていたから可能になったことだった。広範な資料を駆使して展開される分厚い議論は、彼の場合、手話ではなく英語でなければ実現できなかった。

二一世紀初頭のいまなお、手話という言語はこの逆境を生きなければならない。イギリス手話は英語と同等の力をもち、英語とおなじことが表現できるといっても、手話で語っているかぎりそれは聴者社会には届かない。イギリス手話を日本手話と置き換え、英語を日本語に置き換えても、それはおなじことだ。多言語社会が唱えられ、手話の社会的な認知が求められ、手話通訳の普及が叫ばれても、ろう者が手話で語っているかぎり、その声を聞く機会は聴者にはほとんど訪れない。

くり返しくり返しわきあがる疑問は、ラッドがいう「語られることのなかった事実」とはなにかということだ。

それは聴者が知ることのなかったろう者の歴史の一部だろうか。ろう者の歴史のなかに書きこまれることのなかった、歴史の欠如だろうか。歴史が言語による記録であるなら、言語がなかったということ、言語が奪われていたということはどのように記述され、歴史の一部になるのだろうか。「語られることのなかった事実」は、「語られることのなかった人びと」のことではなかったのだろうか。

彼らは、語るためのことばがなかった。

手話のほかには。

その手話は、聞かれることがなかった。

私には遠い問いかけの声が聞こえてくる。

語ることができないままに終わったことが、ことばにならないことばによって、巫女の呪詛のように語りかけてくる。

私たちは、ことばをもっているのだろうか。私たちはあなたとおなじように考えることができるのだろうか。私たちのことばはほんとうのことばだろうか。私たちの記憶はなにがぬけ落ちているのだろう。私たちがことばにできなかったことはなんなのか。私たちは何がわからないのだろうか。私たちは何を失ったのだろうか。私たちはだれなのか。

すべてが闇に埋もれようとしても、そこから消えることなく立ちあがってくるものがある。顔である。

ろう者の顔。他者の顔である。

あとがき

手話について、私は一七年前にも一冊の本を書いている。日本のジャーナリストが手話についての本を出版するのはめずらしいことだったので、ろう者の友人たちは東京三田のイタリア料理店を借り切って祝賀会を開いてくれた。そこで私は、次はぜひろう者が本格的な本を書いてほしいとお願いしたことを覚えている。手話について、ろう者について、真に書くことができるのはろう者だと思ったからだ。

そのとき、私は一介の旅人のようなものだった。こんな世界もあるのか、こんな人びとがいて、文化があるのかと、感服しながら手話の世界を取材していた。テレビでドキュメンタリーを放送し、本を書いてひとつの旅が終わったと思った。

その私が、いまでは彼らとともに旅をしている。それは彼らが私を必要としたからではなく、私が彼らを必要としたからだと思う。ろうであり、手話を使う人びとは、そのままで完全な存在であるとしても、一方ではこの社会でひとりでは負いきれない幾多の困難を抱えている。彼らを支えることはできないが、かといって離れることもできない。そのようにしてかかわることが私自身の現実なのだという感慨が私のなかには芽ばえてくるのであった。そこにいつづけること。それが私の役割なのだろう。

そしてろう者とともに手話を基盤とした新しいろう学校をつくり、その運営にかかわるようになった。

ろう者とともにつくるろう教育の場で、ろう者とともに四苦八苦しているとき、またその苦労に終わりはないとわかるとき、私は好むと好まざるとにかかわらず広い意味でのろうコミュニティの一部になったのだと思う。そこから見えてきたことを、本書に書いたつもりである。

二年越しの執筆をとおしてみえてきたのは、手話という言語がもたらす世界の広がりとともに、この世界に人工内耳という新たな大波が打ちよせているということだった。この革新的な医療技術は多くの聴覚障害児に恩恵をもたらす一方で、これまで耳の聞こえる人たちが進めてきた教育とおなじ失敗をくり返すのではないかと、危惧の念を抱くようになった。もしも医療が手話という言語を無視するなら、あるいは自然手話の力を捉えることができないでいるなら、それはかつてのろう教育とおなじように、多くのろう児に取り返しのつかない結末をもたらすにちがいない。そのことを予期していながら黙しているわけにはいかない。それが本書を執筆したもうひとつの、よりさしせまった動機でもある。

この二〇年の取材をとおして私がたしかめてきたことは、ここでも変わることはなかった。それはろう者の手話、自然手話は、いつの時代でも、どのような教育や医療の技術が展開されるようになっても、変わることなくろう児を守りつづけるということだ。実際、人工内耳に対しても手話はそのほんとうの力をみせはじめている。乳幼児の装用する人工内耳は、自然手話という言語基盤のうえではじめてほんらいの効果を発揮するからだ。そのことをろう者が、そして自然手話が実証しようとしている。そこで人工内耳はろう者と聴者を分断するのではなく、ろうコミュニティに対立をもたらすのではなく、開かれた新しいろうコミュニティをつくりだす有力なツールになるだろう。手話と私たちの社会の接点には、そのような情景が浮かびあがっているのではないだろうか。

聞こえる人も聞こえない人も、もっと手話という言語を信じていい。自然手話は十分その信頼に応えてくれる言語なのだから。そうした思いの一端を、読者に受けとめていただければと思う。

本書は草稿の段階で桜美林大学名誉教授の佐々木倫子先生に目をとおしていただいた。またろう、聴を問わず多くの方々から貴重な意見や助言をいただいた。記して深く感謝したい。とはいえ記述の誤りや理解の足りないところがあるとすれば、それはすべて著者の責任である。

二〇一六年一月

斉藤道雄

著者略歴

斉藤道雄〈さいとう・みちお〉1947年生まれ．ジャーナリスト．TBSテレビ報道局の記者，ディレクター，プロデューサー，解説者として報道番組の取材，ドキュメンタリー番組の制作に従事．先端医療，生命倫理，マイノリティ，精神障害，ろう教育などをテーマとしてきた．2008年から５年間明晴学園の校長，その後４年間理事長を務めた．著書に『原爆神話の五〇年』（中公新書，1995）『もうひとつの手話』（晶文社，1999）『悩む力―べてるの家の人びと』（みすず書房，2002）『希望のがん治療』（集英社新書，2004）『治りませんように―べてるの家のいま』（みすず書房，2010）『きみはきみだ』〈教室の絵本シリーズ〉（こどもの未来社，2010）がある．

斉藤道雄
手話を生きる
少数言語が多数派日本語と出会うところで

2016年 2月19日 第1刷発行
2019年 4月 9日 第6刷発行

発行所 株式会社 みすず書房
〒113-0033 東京都文京区本郷2丁目20-7
電話 03-3814-0131(営業) 03-3815-9181(編集)
www.msz.co.jp

本文印刷所 精文堂印刷
扉・表紙・カバー印刷所 リヒトプランニング
製本所 誠製本

Printed in Japan
ISBN 978-4-622-07974-3
[しゅわをいきる]
落丁・乱丁本はお取替えいたします